직장인이지만
공무원연금 받기로
했습니다

직장인이지만 공무원연금 받기로 했습니다

**계좌 개설부터 고수익 전략까지
연금 투자 무작정 따라하기**

이영빈 지음

에프엔미디어

추천의 글

오랜 역사로 검증된 가장 확실한 노후 대책

재테크의 종착역은 노후다. 노후에 빈곤하면 인생이 송두리째 부정된다. 그 종착역에 이르는 길은 여러 가지가 있을 것이다. 부동산 임대 소득이나 주식 배당 소득이 될 수도 있지만 평범한 사람들이 무탈하게 종착역에 이르는 검증된 방법은 연금이다. 연금은 인류가 고안해낸 노후 준비 시스템 중 가장 생명력이 길다. 1889년 프로이센(독일)의 철혈 재상 오토 폰 비스마르크가 처음 연금 제도를 도입한 후 지금까지 생명력을 유지하고 있다. 게다가 연금 이상의 제도를 인류는 아직 고안해내지 못했다.

연금의 메커니즘은 사실 매우 단순하다. 수입이 있는 기간에 매월 일정액을 납입한 후 은퇴 이후 사망 시점까지 생활비를 받는 것이다. 연금 제도가 국가 주도로 도입된 만큼 연금의 기본은 국민연금이다. 국민연금은 모든 연금의 기초이자 주춧돌이다.

문제는 국민연금만으로 노후 생활비를 모두 충당할 수 없다는 점이다. 선진국을 중심으로 고령화가 가속화되고 있어, 국민이 오래 살수록 국가가 지급해야 하는 연금액은 많아질 수밖에 없다. 이를 해결하기 위한 방편은 몇 가지 정해져 있는데, 일단 국민연금을 부담하는 사람의 수가 많으면 된다. 그러나 저출산으로 인해 선진국의 인구 구조는 가분수 형태로 나아가고 있다. 더 많이 내더라도 한계가 있다는 이야기다.

그다음 방편은 연금 수령액을 깎는 것이다. 실제 대부분의 국가에서 시행하고 있는 연금 개혁 또한 더 많이 내고 덜 받는 것을 골자로 한다. 세 번째 방편은 납입 자금의 운용수익률을 높이는 것이다. 투자를 잘하면, 당연히 지급할 연금 재원을 늘릴 수 있다. 현재까지 이 세 가지 방편 외에 다른 길은 존재하지 않는다.

국가가 노후 생활 전반을 책임질 수 없기에 개인이 자구책을 마련하는 것이 세계적인 추세다. 국가가 지급하는 연금액은 줄어들 것이니 국민 각자가 더 많이 저축하고 투자하라는 것이다. 다만 저축과 투자에 인센티브를 제공하기 위해 많은 국가가 사적연금 상품에 세제 혜택을 주고 있다. 우리나라도 예외는 아니다.

이제 개인이 알아서 연금을 불리려는 노력을 해야 한다. 이는 누구도 피할 수 없는 과제다. 연금액을 늘리는 방법은 세 가지다. 더 많이 납입하고, 더 높은 수익을 내고, 은퇴 이후에도 계속 운용 수익률을 높이면서 인출하는 것이다. 은퇴 이전의 사람들은 어떻게 더 많이 납입하고 수익률을 높일 것이냐를 고민해야 하고, 은퇴 이후의 사람들은 운용과 인출 전략을 생각해야 한다.

연금 수익률 제고는 저축으로는 불가능하다. 연금의 목적은 노후 생활비 마련인데, 저축이나 보험으로는 장기적으로 인플레이션을 헤지할 수 없다. 화폐 가치를 지키기 위한 노력은 선택이 아니라는 이야기다. 적지 않은 사람이 연금을 안정성에 초점을 맞춰 운용하려 하고, 원금 보전이라는 미명하에 예금이나 보험을 선택한다. 이런 선택은 결국 시간과 인플레이션 앞에 무기력해질 것이다.

그래서 투자가 필요하다. 그러나 투자는 결코 쉬운 일이 아니다. 투자의 길에는 변동성이라는 무시무시한 괴물(?)이 떡하니 버티고 서 있기 때문이다. 변동성을 관리하면서 장기적으로 인플레이션을 이기는 방법을 찾아내는 것이 우리 앞에 놓인 숙제다.

은퇴 이후의 사람들은 쌓인 연금 재원을 어떻게 운용하고 인출할 것인가의 숙제도 풀어야 한다. 특히 은퇴 초기 10년의 수익률이 향후 노후 생활비의 규모를 결정한다고 해도 과언이 아니다. 어느 정도의 자금을 어떻게 인출해야 하는가는 단순히 수익률 제고로만 해결할 수 없는 문제다.

안타깝게도 연금 운용에서 인출까지 일관된 과정으로 이해하고 있는 사람은 아직 많지 않아 보인다. 마침 일반인의 눈높이에서 그 과정 전반을 쉽게 해설하고 가이드라인을 제시하는 책《직장인이지만 공무원연금 받기로 했습니다》가 출간된 것은 참 다행스러운 일이다.

사적연금을 이용해서 공무원만큼 연금을 받는다는 아이디어가 참신하고 좋았다. 책을 읽으면서 아마추어리즘의 진정성에도 마음이 끌렸다. 다니던 회사가 망한 경험이 있어서 그런지 몰라도 저자는 연금의 중요성을 몸으로 알고 있다는 느낌이 들었다. 평범한 직장인이라는 공감의 토대 위에서 연금 이야기를 들려주어서인지 이해하기도 쉽다.

연금 전문가들이 쓴 책은 간혹 개인 투자자들이 굳이 알 필요 없는 부분까지 다루는 경향이 있다. 바쁜 일상을 살아가는 평범한 직장인들에겐 군더더기 같은 내용도 더러 들어 있곤 한다. 그러나 직장인들에게 필요한 것은 엑기스다. 명료해야 하고 실천하기 쉬워야 한다. 그러면서도 장기적으로 성과를 낼 수 있어야 한다. 이 책의 미덕은 그런 조건을 두루 갖추고 있다는 데 있다. 연금에 관심을 가지고 투자를 하려는 직장인들에게 일독을 권한다.

이상건
미래에셋투자와연금센터 대표

프롤로그

"금일 기준으로 모든 임직원은 해고 처리되었음을 알려드립니다."

2016년의 어느 날 내가 사내 메일을 통해서 전달받은 내용이다. 나를 포함해서 400명에 이르는 전체 직원이 같은 메일을 받았다. 나는 삼성전자에서 근무했는데, 일본 회사와 합작해 설립된 자회사로 옮겨 오랜 기간 다녔다.

2014년 회사는 지분을 국내 중소기업에 매각하고 사업에서 손을 뗐다. 그러고 나서 얼마 버티지 못하고 법정관리를 신청했다. 하지만 법정관리는 법원에서 받아들여지지 않았고, 회사는 직원 전원 해고 통지와 함께 자산동결 과정을 겪게 되었다.

내가 다니던 직장은 하루아침에 문을 닫았다. 국내 굴지의 대기업에 입사했지만, 회사는 없어지고 내 의지와는 상관없이 퇴사하게 된 것이었다. 얼마나 황당한 일인지 겪어보지 않은 사람은 상상하기도 힘들 것이다. 이때 많은 동료가 "대기업도 소용이 없구나."라는 생각을 하게 되었다.

같이 일했던 동료들은 한순간 뿔뿔이 흩어졌다. 젊은 후배들은 공무원 시험을 준비하거나 다른 대기업으로 자리를 옮겼지만, 50대를 넘어선 선배들은 비슷한 업무의 직장을 구하기가 힘들었다. 그 중간에 끼어 있었던 나는 처음으로 미래가 불안해지기 시작했다.

마음만 먹으면 얼마든지 이직이 가능한 나이였지만, 언제까지 다니게 될지 보장할 수 없었고 50대 이후 어떻게 살아가야 할지 암담하기도 했다. 대기업에 다녔지만 일자리를 구하지 못하는 선배들은 내 미래를 보여주는 듯했다. 그렇다고 은퇴 후에 경험도 없는 장사를 하자니 자신이 없었고, 나이 들어서까지 생계를 위해 닥치는 대로 일을 하며 여생을 보내고 싶지도 않았다.

나는 투자를 시작했다.

"평생직장이 사라진 시대, 노후를 준비하세요."

퇴직금을 포함해 모아둔 돈으로 여기저기 손을 댔다. 하지만 쫓기듯이 시작한 투자가 성공할 리 없었다. 부동산 투자는 가격이 하락하는 금전적 손해뿐만 아니라 세입자 문제로도 굉장히 힘들었고, 지인의 추천으로 호재가 많다는 주식에 투자했다가 3분의 1 토막이 나기도 했다.

일명 '묻지 마' 투자의 결과는 참담했다. 어쩌다 수익이 생겨도 당장의 생활비와 교육비, 그리고 내 집 장만에 보태느라 바빴다. 돈은 모이지 않았다. 미래는 여전히 불안했다.

노후에 건물주만큼 좋은 직업(?)이 없다지만, 이런 마이너스의 손으로는 멀쩡한 건물도 날려버릴 판이었다. 나는 내 투자 실력을 겸허히 받아들이고 착실하게 공부를 하기 시작했다. 그리고 한 방을 터뜨리려고 하기보다는 안정적인 현금흐름을 만들어야겠다고 생각했다.

젊은 시절에 최대한 많은 노후 자금을 마련해두는 것도 좋지만, 은퇴 후 배당금이 되었든 월세가 되었든 매달 자동적으로 돈이 들어오고, 그 액수가 쓰는 돈보다 많으면 더할 나위 없이 좋지 않을까? 이것은 곧 시간으로부터의 자유를 주고, 평소 관심이 있었지만 먹고살기 바빠 포기했던 일들을 지속적으로 하게 해주는 원동력이 되기 때문이다.

노후에 일하지 않아도, 건물이 없어도, 월급이나 월세가 계속해서 들어오게 하는 방법. 나는 연금 투자에 주목했다.

"연금을 직접 운용할 수 있습니다."

삼성전자는 예전부터 직원들에게 연금저축보험을 가입해주었다. 회사에서 납입금 절반을 부담하고, 직원이 월급에서 절반을 부담하는 방식이었다. 그때는 원치도 않는데 왜 해야 하는지 꽤나 불만이었다.

연말정산을 받을 때 세제 혜택이 있다고는 하지만 각종 공제가 한꺼번에 계산되니 연금저축의 공제 효과를 피부로 느끼기는 어려웠다. 그래서 당시만 해도 연금저축이라는 것은 급여의 일부를 말 그대로 저축하듯이 모았다가 나중에 은행이자 정도 받는 것이라고 생각했다.

하지만 연금에 관심을 가지고 공부를 해보니 은행이자 정도만 받는 게 아니었다. "어라! 하루에 커피 한 잔 정도 마실 수 있는 돈을 버는 줄 알았는데, 잘하면 밥 한 끼, 더 잘하면 생활비도 마련할 수 있겠는걸." 하는 확신이 들었고 그 비결은 바로 내가 직접 연금을 운용하는 것이었다.

직접 운용하는 게 무슨 대수인가 하겠지만, 그 중심에는 수익률이 있었다. 운용사에 맡기면 연간 수익률이 2퍼센트가 채 되지 않는다. 그러나 내가 직접투자하면 연간 7~9퍼센트의 수익률을 기대할 수 있었다. 2퍼센트 수익률이면 원금이 2배가 되는 데 36년이 걸린다. 그러나 8퍼센트의 수익률이면 원금이 2배가 되는 데 9년이 소요될 뿐이다. 36년 뒤면 8배 차이가 나는 것이다. 커피가 생활비로 바뀌는 순간이다.

원래 연금은 펀드로만 운용할 수 있었다. 그러나 퇴직연금은 2016년 7월부터, 개인연금인 연금저축펀드는 2017년 11월부터 ETF(상장지수펀드)를 직접 매매할 수 있게 되었다. 바야흐로 '연금 직접투자 시대'가 열린 것이다.

"연봉의 9퍼센트를 연금저축펀드에 납입하고 삶에 집중하세요."

연금과 관련해서 공부를 하던 중 "은퇴 후 공무원만큼 연금을 받으려면 어떻게 해야 할까?"라는 질문에서 재미있는 사실을 발견하게 되었다. 물론 공무원은 정년이 보장되므로 오랜 기간 납입하니 일반 직장인보다 연금이 비교적 많은 게 당연하다. 나는 그 당연한 사실을 좀 더 자세히 살펴보았다.

2019년 기준 국민연금 평균 수령액은 53만 원인 데 반해, 공무원연금은 248만 원이다. 2022년에 국민연금 평균 수령액이 57만 원으로 올랐지만 공무원연금과는 여전히 4배 이상 차이가 난다. 사실 여기에는 납입 기간 외에 두 가지 비밀이 더 숨어 있다.

첫째, 납입 비율의 차이다. 국민연금은 연봉의 9퍼센트를 납입하는 데 반해, 공무원연금은 연봉의 18퍼센트를 납입한다. 둘째, 국민연금 월 납부액(기준소득월액)은 상한이 존재하며, 그 금액이 공무원연금의 60퍼센트에 그친다.

이렇게 보면 국민연금과 공무원연금이 4배 이상 차이 나는 이유는 명확하다. 바꿔 말하면 일반인이 공무원 수준의 연금을 받을 방법도 명확하다는 뜻이다. 국민연금 외에 연봉의 9퍼센트를 개인연금인 연금저축펀드에 적립해 운용하면 되는 것이다.

나는 그 구체적인 운용 방법을 이 책에 소개했다. 쉽고 간단하므로 그대로 따라 하기만 하면 된다. 그런 다음에는 자신의 삶에 집중하라고 권하고 싶다. 잘하는 것, 좋아하는 것, 배우고 싶은 것을 가까운 사람들과 함께하는 데 소중한 시간을 들이라고 이야기하고 싶다.

"선배님, 너무 어렵습니다."

연금에 관해 공부를 하고 투자를 시작한 뒤 예전 직장에서 어려움을 함께했던 후배들에게 꼭 알려줘야겠다는 생각이 들었다. 그래서 정성스레 프레젠테이션 자료를 만들고 "하루 만 원 부자로 가는 작은 길"이라고 제목도 거창하게 붙여서 단체카톡방에 올렸다. 수년이 지났지만 후배들과는 아직도 단톡방에서 가끔씩 이야기를 나눈다. 주로 꼰대인 내가 떠들고 후배들이 맞장구를 쳐주는 식이다.

단톡방에 자료를 공유하자 후배들은 적극적으로 피드백을 해주었다. 그리고 그 피드백은 이 책을 구성하는 주요 뼈대가 되었다. 가장 많았던 의견은 너무 복잡하고 어렵다는 것이었다.

자산 배분과 ETF 투자, 그리고 연금저축펀드에 대해 조금이라도 알고 있는 친구들은 쉽게 이해했을 것이고, 주식 투자 한번 해보지 않은 친구들은 10장으로 구성된 프레젠테이션 내용이 어려웠을 것이다. 프레젠테이션 자료 특성상 자세한 설명 없이 키워드와 핵심 문장만 나열돼 있었던 것도 이해를 어렵게 한 요인 중 하나였다.

"지금 연금 투자를 시작하세요. 그리고 절대로 절대로 멈추지 마세요."

너무 어렵다는 의견 뒤에 꼭 따라오는 말이 있었다. "무작정 따라할 수 있는 방법을 알려주세요." 충분히 공감되는 말이었다. 투자를 하고 싶어도 직장생활에, 육아와 자녀교육에 후배들이 얼마나 바쁘게 사는지 잘 알고 있는 터였다. 그 후배들을 위해서, 후배 같은 직장인들을 위해서 이 책은 고민 없이 무작정 따라 할 수 있도록 구성했다. 아무쪼록 이 책을 통해 연금 투자를 시작하고 은퇴할 때까지 유지한다면 선배로서 더할 나위 없이 즐거운 일이 될 것이다.

* * *

　원고를 쓰던 중간에 고향에 다녀올 일이 있었다. 어머니께서 책을 쓰느냐고 물으셨다. 말씀을 드리지도 않았는데 어떻게 아셨을까?

　아주 오래 전 고등학교 1학년 말에 문과와 이과 선택을 앞두고 많은 고민을 했다. 어머니께서는 아들이 문과를 선택해 상과대학에 가길 바라셨다. 그러나 자연계열 과목 점수가 사회계열 과목 점수보다 현저히 좋았던 터라 나는 결국 이과로 진학하게 되었다. 시간이 흐른 지금 아들이 기계공학 서적이 아닌 경제 관련 서적을 썼으니 어머니의 선견지명이었을까?

　늘 아들 걱정이신 고향의 부모님과 소중한 딸을 주신 장인, 장모님께 감사의 말씀을 전한다. 그리고 이 책을 쓸 수 있도록 잔소리로 격려해준 예쁜 딸과 늘 아들 걱정인 아내, 그리고 그 걱정을 모르는 아들에게도 감사와 사랑의 마음을 전한다.

2022년 11월

이영빈

차례

2부 직장인도 공무원만큼 연금 받자

3부 연금 투자 무작정 따라 하기 기초편

4부 연금 투자 무작정 따라 하기 실전편

PART 1
부자로
은퇴하자

1장

치킨집을 차릴 것인가,
건물주처럼 살 것인가?

모든 직장인은 국민연금에 의무 가입하지만, 실제 은퇴하고 연금을 수령하기까지 짧게는 10년 길게는 15년 소득이 없다. 은퇴 나이는 점점 앞당겨지고 있고, 소득이 없는 시기는 점점 길어지고 있다. 반면, 직장생활 중 노후 준비를 철저히 하는 사람은 많지 않다. OECD 국가 중 노인 빈곤율과 노인 자살률 1위가 한국인 것은 그런 현실을 잘 보여준다. 치킨집 창업이 답이 될 수 없기에, 따박따박 월세 받는 건물주처럼 은퇴 후 연금을 받는 길을 안내한다.

기-승-전-치킨집

'기-승-전-치킨집'이란 말이 있다. 2014년 《공부란 무엇인가》라는 책의 '한국 학생들의 진로' 꼭지에서 소개된 말인데, 뉴스에까지 등장했다. 어떤 진로를 택하든 결국은 치킨집을 하게 된다는 웃지 못할 현실을 나타낸 것이다(그림1-1 참조).

노후가 준비되어 있지 않은 한국 근로자들은 은퇴 이후 어쩔 수 없이 많은 기술을 필요로 하지 않는 자영업을 시작하게 된다. 하지만 현실은 냉혹하다. [그림1-2]는 2019년 OECD 국가들의 자영업 비율을 나타내고 있다. 한국이 36개 회원국 중 7위를 차지하며 그 비율도 24.6퍼센트에 달한다.

이에 반해 미국, 캐나다, 독일 등 선진국들은 자영업 비율이 10퍼센트가 채 되지 않는다. 일본 또한 자영업 비율이 10퍼센

[그림1-1] 기-승-전-치킨집

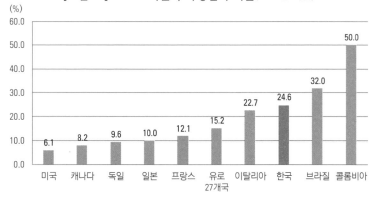

[그림1-2] OECD 회원국 자영업자 비율(2019년 기준)

트로 우리나라와 2배 이상 차이가 난다. 나는 과거 여러 차례 일본 출장을 다닌 바 있다. 큰 도시는 물론, 출장 목적지인 작

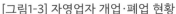
[그림1-3] 자영업자 개업·폐업 현황

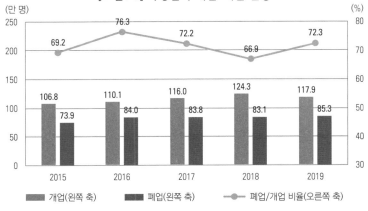

*자료: 국세청

은 도시를 가봐도 작은 라면집들이 셀 수도 없이 많았다. 당시 이렇게 많은 가게가 장사가 될까 하는 생각이 들었는데, 한국의 자영업 비율이 일본의 2배 이상 많다고 하니 놀라지 않을 수가 없다.

자영업자들의 아픔

자영업자 비율이 이렇게 높은데 장사는 잘되는 것일까? 숫자가 많다는 것은 그만큼 경쟁이 치열하고 살아남는 것조차 힘들다는 이야기다. [그림1-3]은 2015년부터 2019년까지 5년간 자영업자의 개업과 폐업 현황을 나타내고 있다. 10명이 가게를 열면 7명 이상은 문을 닫는 현실을 보여준다.

평상시에도 이렇게 힘든데, 2020년 시작된 코로나 팬데믹은 자영업자들에게 너무나 큰 금전적 손실을 안겼다. 매출이 과거 대비 50퍼센트 이상 급감했다는 소상공인이 34퍼센트에 달했다. 집 주변에 평소 장사가 잘됐던 상점들도 문을 닫는 곳이 늘어났다. 인원 제한과 거리두기 등 강력한 조치가 시행되면서 피해가 커진 것이다. 폐업을 하는 것도 사치라는 말이 생겨났다. 폐업을 하는 데도 비용이 필요한데 그것마저 마련하기 어려운 상황이라는 의미다.

대기업인데 하루아침에 사라져

직장인들은 어떨까? 나는 직장인이라면 하지 않으면 좋을 경험을 했다. 바로 다니던 회사가 기업회생 신청을 하는 경험이었다. 나는 삼성전자의 작은 사업부에 근무하고 있었는데, 관련 사업의 국제 경쟁이 치열해지다 보니 특허 문제로 합작 회사를 만드는 트렌드가 생겼다. 이에 따라 삼성전자도 일본 회사와 합작법인을 만들게 되었다.

합작법인 설립 후 10년 이상을 유지하다 산업 전체가 사양 산업이 되었고, 삼성전자는 지분을 중소기업에 넘기고 사업에서 철수했다. 이후 회사는 2년을 채 버티지 못하고 기업회생 절차를 신청했다. 하지만 법정관리에 들어가지 못하고 청산 판결이 내려졌다. 얼마 후 법원에서 지정한 변호사가 회사를 방문해 고시문을 부착하고 문을 걸어 잠가버렸다. 그리고 회사 네트워크를 통해 전 사원에게 해고 메일이 발송되었다. 참 아찔한 경험이었다.

　300명이 넘는 동료들은 하루아침에 실직자가 되었다. 많은 동료가 다른 회사로 취업했고, 또 많은 동료가 자영업에 나섰다. PC방, 핫도그 가게, 편의점 등 다양한 형태의 가게를 오픈했다. 잘된다는 사람, 힘들다는 사람, 그럭저럭 유지는 된다는 사람들의 소식이 전해졌다. 그러다가 코로나 사태가 터졌다. 그들의 매출 상황을 정확하게 알지는 못한다. 다만 앞서 보았던 소상공인 매출 하락 수치로 대략 짐작만 할 뿐이다.

끝이 정해져 있는 직장인

　모든 직장인은 은퇴와 함께 근로소득이 멈춰지는 시기가 정해져 있다. 회사마다 정년의 차이는 있겠지만 나이에 의해서 일할 기회가 제한되는 것은 피할 수 없는 사실이다. 직장인들이 마주하고 있는 현실에 대해서 돌아보자.

　많은 취업준비생이 대기업에 취업하기를 희망한다. 연봉부터 복지까지 대기업은 중소기업과 차이가 많은 것이 현실이기 때문이다. 중소기업 비정규직 근로자와 대기업 정규직 근로자의 임금 격차는 2배에 달하는 것으로 알려져 있다. 단순히 연봉만 놓고 봐도 재수, 삼수해서 대기업에 입사하는 게 훨씬 현명한 선택인 것이다.

예전에는 어렵사리 대기업에만 들어가면 끝이었다. 임원이 되고 정년까지 다닌 후 퇴직금을 두둑이 받아 여유로운 노후를 보냈다. 하지만 지금은 상황이 다르다. 대기업에 들어간 사람들은 대부분 자신이 임원이 될 거라는 생각을 하지 않는다. 그럴 가능성이 무척 낮기 때문이다.

희박해진 승진 기회

고속 성장을 하던 과거에는 하루가 다르게 산업이 성장하고 경제가 발전했다. 일자리도 계속 늘어났다. 이에 따라 책임자도 많이 필요했기에 임원에 대한 수요가 높았다. 하지만 세계 10위의 경제대국으로 우뚝 선 지금의 한국 상황은 크게 달라져서 2~3퍼센트대의 저성장이 자리를 잡았다.

[그림1-4]는 대기업 임원 1명당 직원 수를 나타낸다. 그 비율로 임원 승진 가능성을 유추해볼 수 있다. 2021년에는 직원 131.7명당 임원이 1명이었다. 즉 신입사원이 임원이 될 확률은 0.76퍼센트로, 1퍼센트도 채 되지 않았다. 지금 신입사원들에게 1퍼센트도 되지 않는 확률에 영혼과 시간을 갈아 넣으라고 한다면 누가 그렇게 하겠는가?

그뿐만 아니라 불시에 회사를 나가게 되는 경우도 엄청나게

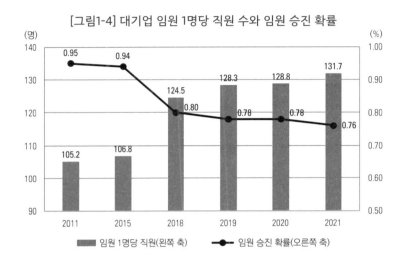

[그림1-4] 대기업 임원 1명당 직원 수와 임원 승진 확률

많아졌다. 회사의 경영 악화나 구조조정 등으로 인해 예정에 없던 퇴사를 하는 것은 이제 그리 놀라운 일이 아니다. 앞서 내 경우처럼 회사가 하루아침에 사라지는 일도 드물지 않다.

신입사원들 탓만은 아니다

사정이 이렇다 보니 요즘은 과거처럼 직장을 최우선 순위에 놓고 충성하며 사는 사람이 많지 않다. 신입사원들조차도 자기 자신을 희생하면서까지 일해도 돌아오는 것은 늘 같은 월급과 빠른 은퇴라는 점을 잘 알고 있다.

최근 워라밸이 인기를 끌고 욜로(YOLO)를 추구하는 현상이 이를 방증한다. 요즘에는 파이어족을 꿈꾸며 회사 다니는 동안 미친 듯이 일해서 빨리 은퇴하려는 사람도 늘고 있다. 오죽하면 예전에는 퇴사하는 사람에게 걱정의 눈빛을 보냈지만, 이제는 축하 인사를 하는 게 일상화되었을 정도다.

여기서 내가 하고 싶은 이야기는 어차피 오래 다닐 수 없으니 직장생활을 대충 하자는 것이 아니다. 예나 지금이나 직장은 오래 다닐수록 좋다. 현금흐름을 지속적으로 만들어주는 곳이기 때문이다. 따라서 직장에 다니는 동안 열심히 일하는 것은 기본 중의 기본이다.

다만 은퇴 시기가 점점 앞당겨지고 있고 직업의 안정성은 갈수록 줄어드는 것이 현실이니, 조금이라도 젊은 나이에 투자를 시작해야 한다는 점을 말하고 싶은 것이다. 신입사원 시절부터 투자를 지속해 비교적 빨리 경제적 자유를 이루기를 바란다.

위태로운 노후

나는 현재 중견기업에서 근무하고 있지만 직장생활 대부분을 대기업에서 했다. 고백하자면 나도 노후 준비가 되어 있지 않다. 나와 함께 근무했던 선배들은 은퇴 후 다양한 모습으로 살고 있다. 젊은 시절부터 투자에 뛰어들어 자산을 불린 선배들은 여유로운 은퇴 생활을 즐기고 있고, 앞뒤 가리지 않고 회사 업무에만 열중했던 선배들은 현재 경제적으로 많은 어려움을 겪고 있다.

직장인은 끝이 정해져 있다는 사실을 늘 염두에 두어야 한다. 안타깝게도 많은 경우 그 끝을 결정하는 사람은 자신이 아닐 가능성이 매우 높다. 대기업에 들어간다고 해서 노후가 100퍼센트 보장되는 것은 아니다. 젊은 시절 얼마나 열심히 준비했는가에 따라 은퇴 후의 삶은 완전히 달라진다. 대기업 직장인도 별수 없다. 준비하는 직장인이 되자.

소득 크레바스 건너기

'소득 크레바스'라는 말이 있다. 은퇴 크레바스, 연금 크레바스라고도 부른다. 크레바스란 빙하가 갈라져서 생긴 좁고 깊은 틈을 뜻한다. [그림1-5]에 보이는 것처럼 한번 빠지면 영원히 헤어 나오지 못할 듯한 무시무시한 틈이 크레바스다.

그렇다면 소득 크레바스란 무엇일까? 직장에서 은퇴한 후 국민연금을 받을 때까지 소득이 없는 구간을 말한다.

직장인이 체감하는 은퇴 나이는 50.2세라고 한다. [표1-1]은 태어난 해에 따른 국민연금 수령 나이를 나타낸 것이다. 젊을수록 연금 수령 나이가 늦다. 고령화 추세를 반영했다고는 하나, 달리 표현하면 연금 재정이 어렵다는 이야기다.

어쨌거나 이런 상황이라면 실제 은퇴하고 연금을 수령하기

[그림1-5] 크레바스

까지 짧으면 10년, 길게는 15년 정도 소득이 없다. 이 구간이
소득 크레바스다. 크레바스에 빠진 끔찍한 상황과 같다는 것

[표1-1] 국민연금 수령 나이

태어난 해	국민연금 수령 나이
1952년 이전	만 60세
1953~1956년	만 61세
1957~1960년	만 62세
1961~1964년	만 63세
1965~1968년	만 64세
1969년 이후	만 65세

이다. 실제 크레바스에 빠지면 살아 돌아올 확률이 얼마나 될까? 상상하기도 힘들다.

직장인이 맞닥뜨릴 크레바스

[그림1-6]은 2020년 기준 초혼 연령을 나타낸 것이다. 남자는 보통 33세, 여자는 31세에 결혼을 한다. 바로 자녀를 가지고 50세에 은퇴한다고 보면 자녀는 17세 근처가 된다. 자녀가 고등학생인 시점에 은퇴하게 되는 것이다. 소득은 사라졌는데 대학 등록금 등 앞으로 돈 들어갈 일은 많이 남은 상황에 놓이게 된다. 크레바스에 빠지게 되었는데 눈사태까지 일어난 것이다.

직장인에게는 취업을 해서 크레바스까지의 길이 정해져 있

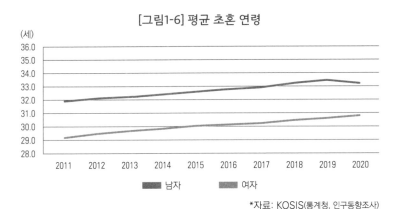

[그림1-6] 평균 초혼 연령

*자료: KOSIS(통계청, 인구동향조사)

[Tip] 국민연금은 언제까지 내고, 언제부터 얼마나 받을까?

국민연금은 18세 이상 60세 미만의 국민이면 가입 대상이 되고, 최소 가입 기간 10년을 채웠을 때 수급 연령이 되면 받을 수 있다.

국민연금은 만 60세가 되기 직전까지 납부하고 출생 연도별로 만 60~65세부터 수령할 수 있다. 국민연금을 받는 연령은 1952년생까지는 만 60세였지만, 고령화 추세를 반영해 1998년 말 법이 개정되었다. 1953~1956년생은 61세, 1957~1960년생은 62세, 1961~1964년생은 63세, 1965~1968년생은 64세, 1969년생 이후는 65세부터 국민연금을 수령할 수 있다.

수령하는 연금액은 가입 기간 및 가입 중 평균 소득액, 전체 가입자의 평균 소득액을 기초로 계산된다(국민연금공단 홈페이지의 '내 연금 알아보기' 참조). 2022년 6월 말 현재 20년 이상 가입자들의 평균 수령액은 월 97만 6,000원 정도다.

소득이 없을 경우에는 만 56세부터 조기노령연금을 받을 수도 있고(출생 연도에 따라 조기연금 수급 가능 연령이 상이함), 장애를 입거나 사망할 경우 일정 요건 충족 시 장애연금이나 유족연금을 지급받을 수 있다.

또한 2008년 1월 1일 이후 둘 이상의 자녀를 얻었거나(출산, 입양 등) 현역병 또는 사회복무요원 등으로 군 복무를 한 경우에는 가입 기간을 추가로 인정해주고 있다.

*자료: 국민연금 홈페이지

다. 직장인이라면 누구나 다 걸어갔고, 걷고 있고, 걸어가야 할 길이다. 그렇다면 어떻게 해야 크레바스를 쉽게 지나갈 수 있을까?

사다리를 준비해야 한다. 크레바스를 건널 때 사용할 사다리 말이다. 이 책을 끝까지 읽으면 사다리를 준비하는 법을 배우게 될 것이다.

우리나라 노인들의 현주소

대한민국은 전쟁 이후 눈부신 발전을 한 나라다. 전 세계적으로 유례를 찾아볼 수 없을 정도로 빠르게 경제 성장을 이루어냈다. "빨리! 빨리!"는 한국 사람을 대변하는 말이 되었다. 커피 자판기에서 커피가 다 나오기도 전에 손을 넣고 컵을 잡고 있는 사람은 전 세계에서 한국 사람밖에 없다고 한다. 그만큼 빠른 경제 성장을 위해 열심히 달려왔다는 이야기다.

하지만 이런 발전의 이면에는 안타까운 부분이 많다. 특히나 노인과 관련한 문제가 심각하다. 노인 빈곤율과 노인 자살률이 OECD 국가 가운데 한국이 1위다. 과거 많은 사람이 산업화와 성장을 위해서, 그리고 가족을 위해서 뒤도 돌아보지 않고 달려왔는데, 기다리고 있는 건 가난뿐인 현실이다.

부끄러운 노인 빈곤율

[그림1-7]은 OECD 주요국들의 노인 빈곤율을 보여준다. 빈곤율이란 그 나라 중위소득의 50퍼센트 미만을 버는 사람의 비율을 의미한다. 중위소득이란 소득 기준으로 인구를 나열했을 때 중간 위치에 있는 사람의 소득을 뜻한다. 평균이라고 생각할 수 있지만, 평균과는 조금 다른 개념이다.

인구의 중위소득이 100만 원이라고 한다면, 50만 원 미만을 버는 인구의 비율이 빈곤율에 해당한다. 노인 빈곤율이 미국은 23.1퍼센트, 일본은 19.6퍼센트 수준으로, 4~5명 중 1명은 가난하다. 독일은 10.2퍼센트, 프랑스는 4.1퍼센트로 낮은

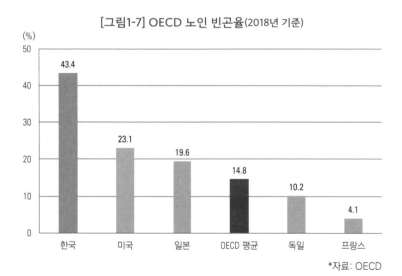

[그림1-7] OECD 노인 빈곤율(2018년 기준)

*자료: OECD

수준이다. 유럽은 복지가 잘되어 있다고 알려져 있는데 수치로도 나타난다.

그렇다면 한국은 어떨까? 2018년 기준 한국의 노인 빈곤율은 43.4퍼센트에 달한다. 전체 노인 중 절반가량이 가난하게 살고 있다는 의미다. OECD 평균인 14.8퍼센트에 비해서도 약 3배나 많은 어마어마한 수치다.

더 참담한 노인 자살률

노인과 관련해 부끄러운 통계가 또 있다. 부끄럽다기보다는 참담하다고 표현하는 게 더 맞을지도 모르겠다. 바로 OECD 국가 중 노인 자살률 1위다. [그림1-8]은 2018년 기준 인구 10만 명당 자살자 수를 연령별로 나타낸 것이다. 뉴스에서는 40~50대 남성의 자살이나 고독사가 주로 보도되었는데, 이 그림은 그것과 전혀 다른 이야기를 하고 있다. 전체 자살률도 높지만, 70대 이상 노인의 자살률은 정말이지 믿기지 않을 정도로 높다. 그 이유는 무엇일까?

노인들이 자살을 생각하는 이유를 조사해 [그림1-9]로 정리했다. 경제적 어려움이 1위로 27.7퍼센트에 해당하고, 다음이 건강 문제로 27.6퍼센트에 해당한다. 경제적 어려움과 건강 문제가 도합 50퍼센트를 넘어선다. 건강에는 표면적인 건강 문제와 함께 그로 인한 경제적 문제도 내포하고 있을 가능

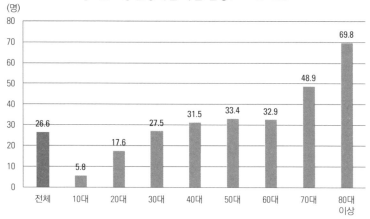

[그림1-8] 연령대별 자살 현황(2018년 기준)

(명)

전체 26.6, 10대 5.8, 20대 17.6, 30대 27.5, 40대 31.5, 50대 33.4, 60대 32.9, 70대 48.9, 80대 이상 69.8

*자료: 통계청

[그림1-9] 노인이 자살을 생각한 이유(2018년 기준)

27.7(%) 경제적 어려움

27.6 건강 문제

18.6 부부·자녀 등과의 갈등·단절

12.4 외로움

8.3 가까운 사람의 사망

4.9 배우자·가족의 건강 문제

기타 0.5

*자료: 한국보건사회연구원(조사 대상: 자살을 생각해본 노인 673명)

성이 높다.

너무도 안타깝고 무서운 일이다. 남의 일처럼 느껴지는가? 지금 경제적인 어려움을 겪고 있는 노인들이 젊은 시절 게으르게 생활해서 이렇듯 힘든 노후를 보내는 것일까?

절대 그렇지 않다. 오히려 그들은 누구보다 열심히 살아온 사람들이다. 미래를 준비해야겠다는 생각조차 할 여유가 없을 정도로 말이다.

노후는 열심히 산다고 해서 저절로 보장되는 게 아니다.

자, 여러분 앞에 2개의 길이 있다. 하나는 치킨집 창업으로 안내하는 길이고, 다른 하나는 건물주처럼 월세를 따박따박 받을 수 있는 연금 은퇴자의 길이다. 어느 길을 선택할지는 여러분의 몫이다.

2장

노후에 받을
연금 불리기

미국은 발달한 퇴직연금제도로 인해 퇴직연금을 잘 운영해 은퇴 후 '연금 백만
장자' 되기가 어렵지 않지만, 한국은 은퇴 후에도 2차, 3차, 4차 직업을 가져야
할 만큼 퇴직금만으로 생활하기가 어렵다. 그러나 한국도 2017년 11월부터 연금
저축펀드 운용이 가능해지면서 연금 직접투자의 시대가 열렸다. 우리도 연금저
축과 퇴직연금을 잘 활용한다면 확실히 '백만장자 은퇴자'가 될 수 있다.

미국의 연금 백만장자 vs 대한민국 은퇴자

코로나 팬데믹 이후, 미국 취업시장에 기이한 현상이 발생했다.

코로나가 발발하자 많은 사람이 갑자기 직장을 떠나게 되었다. 제조업, 서비스업 할 것 없이 그 여파는 굉장히 컸다. [그림1-10]에서 볼 수 있듯이 2020년 5월 미국의 실업률은 14.7퍼센트로, 4월 실업률 4.4퍼센트에 비해 10퍼센트포인트 이상 급등했다. 공장(제조업)과 가게(서비스업)를 비롯해 광범위하게 락다운(Lockdown, 이동제한령)이 시행되었으며, 이로 인해 많은 사람이 일자리를 잃었다.

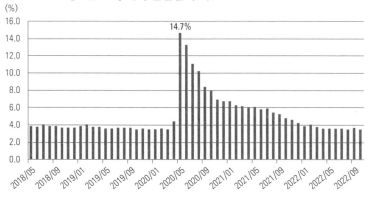

[그림1-10] 미국 실업률 추이(2018/05~2022/10)

14.7%

*자료: 미국노동통계청

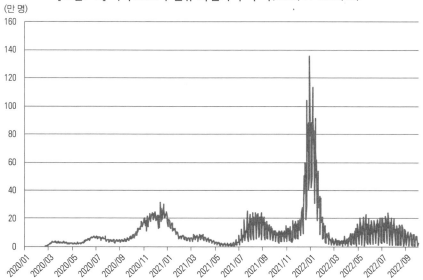

[그림1-11] 미국 코로나 신규 확진자 수 추이(2020/01~2022/10)

*자료: Our World in Data

직장인이지만
공무원연금 받기로 했습니다

거꾸로 가는 미국의 실업률

코로나 바이러스는 이후 델타, 오미크론 등의 변종을 발생시키면서 3차, 4차 유행으로 번졌다(그림1-11 참조). 그러나 발발 초반 급격하게 증가했던 실업률은 신기하게도 시간이 지날수록 떨어지는 모습을 보였다. 팬데믹에 의해서 일자리를 잃게 되는 상황이라면 실업률이 증가해야 하는데 왜 떨어지는 이상 현상이 나타났을까?

여러 가지 이유가 있겠지만, 크게 눈에 띄는 이유는 두 가지였다. 첫째, 실업률이 떨어진 것은 정부의 재정정책 때문이었다. 팬데믹 사태로 경기가 나빠지고 자산시장까지 하락하자, 각국 정부에서는 금리를 낮추고 채권을 매입해 시장에 돈을 푸는 것 외에도 국민들에게 직접 돈을 나누어주는 방식을 채택했다. 우리나라도 국가 차원에서, 그리고 지방자치단체 차원에서 직접적인 금전 지원 정책을 펼친 바 있었다.

미국 정부도 같은 기조로 국민들에게 실업수당과 코로나 특별실업수당을 주었는데, 이를 합하면 한때 월 500만 원까지도 수령이 가능했다. 일하는 것보다 놀면서 실업수당을 받는 것이 훨씬 좋은 선택지가 되었다. 그렇다 보니 일을 하지 않고, 일자리를 찾으려고도 하지 않았다. 그래서 실업률이 통계에서 빠지게 된 것이었다. 그 결과 낮은 실업률을 기록하게 되었다.

둘째, 미국 실업률이 떨어진 것은 빠른 은퇴 때문이었다. 실업수당이나 코로나 특별수당이 끊기면 다시 취업을 해야 하는데 그러지 않은 사람이 많았다. 지난 2008년 금융위기 이후 자산시장, 특히 주식시장의 상승이 10년 이상 지속되면서 미국 국민들의 자산도 같이 상승했기 때문이다.

거기에는 401(K)라는 미국의 퇴직연금제도가 큰 역할을 한 것으로 알려진다. 쉽게 말해, 퇴직연금으로 매수했던 주식의 가격이 많이 올라서 그 돈으로 은퇴해도 되겠다고 생각한 사람이 많아진 것이었다. 우리가 주목할 것은 바로 이 두 번째 이유다.

은퇴 나이와 국민연금

그렇다면 우리나라는 어떨까? 2017년 한 조사에 따르면 직장인들이 체감하는 은퇴 평균 연령은 50.2세로 나타났다. 반면 희망하는 은퇴 나이는 61.1세라고 밝혔다. 베이비부머들의 설문조사에서도 은퇴를 평균 65.9세에 하고 싶다는 결과가 나왔다.

이것은 국민연금 수령 나이와 관계가 깊어 보인다. 즉 국민연금을 받을 때까지 소득을 유지하고 싶다는 의사가 반영된 결과인 것이다.

뉴스에서는 "70~80세까지 일하고 싶다."라는 기사가 보도

[Tip] 미국 401(K)제도

401(K)제도는 미국의 퇴직연금제도다. 근로자가 급여 중 일부를 부담하고 회사(고용주)도 일부를 부담해서 은퇴 계좌를 관리하는 제도다. 우리나라의 확정기여형(DC)과 비슷한 면이 있다. 401(K)라는 이름은 미국 세법 401조 K항에 규정하고 있는 데서 유래한 것이다.

계좌의 자금은 증권사 등과의 계약을 통해서 운용되고, 투자상품으로는 뮤추얼펀드, 인덱스펀드, 채권형펀드가 있으며, 개별 주식에도 투자가 가능하다. 한국은 2022년 현재 퇴직연금에서 개별 주식 거래가 불가능하다.

미국은 팬데믹 사태 이후 빠른 은퇴를 결정한 사람이 많아서 인력난을 겪고 있다. 그 이면에는 '연금 백만장자 26만 명'이 있다. 401(K)에 가입한 미국 직장인이 자산시장의 성장과 함께 백만장자가 되었다는 이야기다. 우리나라도 다양한 금융상품에 투자할 수 있고 관련 시장도 커져서, 일반 직장인도 백만장자로 은퇴하는 날이 오길 기대해본다.

되곤 한다. 하지만 나이가 들면 몸도 불편한데 누가 힘들게 일을 하고 싶어 하겠는가? '일하고 싶다.'가 아니라 '일하지 않으면 안 된다.'가 더 정확한 표현일 것이다.

소득별로 살펴보면 현실을 좀 더 명확하게 알 수 있다. 가구 연소득이 2,400~4,200만 원인 경우 66.7세, 1,000~2,400만 원인 경우는 67.5세, 1,000만 원 미만인 경우는 75세 이후 은퇴를 희망하고 있었다. 안타깝게도 먹고살기 위해서 은퇴를 못 하는 상황이다.

☆☆☆

가구 소득별 은퇴 희망 나이를 보면 소득이 적을수록 희망 나이가 늦다. "70~80세까지 일하고 싶다."라는 기사 제목은 "70~80세까지 일하지 않으면 안 된다."라고 바꿔야 맞다.

백만장자 은퇴를 현실로

50세를 전후해 1차 직업에서 은퇴하는 경우를 주변에서 많이 본다. 굳이 1차 직업이라고 표현한 것은 대학을 졸업하고 처음으로 선택한 직업이기 때문이다. 1차라고 표시했으니 2차가 있을 텐데, 2차 이후에는 많은 경우 1차 직업과는 상관없는 직업을 갖게 된다.

앞서 '기-승-전-치킨집'이라고 말했지만, 자영업을 포함해서 서비스업으로 진출하거나, 다시 취업을 한다고 해도 1차 직업과는 전혀 무관한 곳으로 가게 된다. 즉, 1차 직업에서는 은퇴하게 되지만 기다리고 있는 것은 2차, 3차, 4차 직업들이다. 은퇴를 해도 은퇴가 아닌 것이다.

잘 운영된 퇴직연금을 가지고 있는 미국 은퇴자와 준비되어 있지 않은 한국 은퇴자의 삶은 이렇듯 극명하게 갈린다. 하지만 우리도 미국 401(K)에 해당하는 퇴직연금과 연금저축을 잘 활용한다면 백만장자 은퇴자가 되지 말란 법이 없다. 아니, 확실하게 백만장자 은퇴자가 될 것이다.

연금을 직접 운용하자

연금 투자라고 하면 보험사나 은행 같은 기관에 맡겨놓는 것이라고 생각하는 사람이 많다. 펀드에 가입하는 것도 어떻게 보면 투자라고 볼 수 있으나, 대부분의 경우 원금 보장은 되지만 수익률이 낮은 채권형펀드를 선택하는 것이 현실이다. 적극적으로 펀드를 운용하는 사람은 극히 일부에 지나지 않는다.

게다가 펀드는 매수보다는 가입의 개념이어서 주식 투자에 비해 매매할 때 불편한 점이 많다. 이런 이유로 많은 사람이 채권형펀드에 가입한 후 방치한다. 그리고 세월이 지나서 계좌를 열어보고는 낮은 수익률에 깜짝 놀라게 된다.

퇴직연금 직접투자의 시대

그러나 상황이 바뀌었다. 퇴직연금의 경우 2012년부터 상장지수펀드(ETF)에 투자가 가능해졌고, 2016년 7월부터는 국내에 상장된 해외 ETF에도 투자가 가능해졌다. 개인연금인 연금저축펀드도 2017년 11월부터 ETF 투자가 가능해졌다. ETF는 상장지수펀드라고 하는데, 펀드이면서 주식처럼 증권시장에 상장된 것을 말한다. 여러 종목들로 구성된 펀드의 성격을 띠면서 증권시장에서 거래되기 때문에 일반 주식과 똑같은 방법으로 매매할 수 있다(3부 참조). 이렇듯 직접투자의 길이 열리게 되면서 좀 더 적극적으로 연금의 수익을 추구할 수 있게 되었다.

[그림1-12]는 ETF 투자가 불가능한 은행, 보험사에서 투자가 가능한 증권사로 IRP(개인형 퇴직연금) 자금이 이동한 현황이고, [그림1-13]은 퇴직연금(DC형, IRP)에서 ETF에 투자한 금액의 추이를 나타낸 것이다. 증권사로 자금이 지속적으로 이동하고 있고, ETF에 투자하는 금액도 급격하게 증가하고 있음을 알 수 있다. 이런 변화의 배경에는 낮은 수익률에 따른 실망감이 자리하고 있다.

[그림1-12] 개인형 퇴직연금(IRP)의 증권사 이동 규모(단위: 억 원)

| 1,563 | 4,374 | 7,987 |
| 2019년 | 2020년 | 2021년 9월 말 |

*자료: 미래에셋, NH, 한투, 삼성

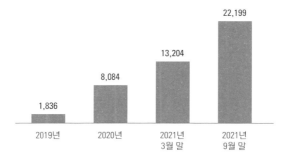

[그림1-13] 퇴직연금(DC형, IRP)의 ETF 투자 금액(단위: 억 원)

*누적 잔액 기준, 자료: 미래에셋, NH, 한투, 삼성

인플레이션과 실질수익률

[그림1-14]는 주요 국가의 투자상품 및 수익률을 비교하고 있다. 우리나라는 극단적으로 원리금 보장형 상품에 많이 가입해 있음을 알 수 있다. 그 결과 다른 나라에 비해 10년 연평균 수익률이 현격히 낮다. 참고로 이 그림에서 한국은 2퍼센트대의 수익률로 나오는데, 이는 원리금 보장형과 원리금 비보장형의 수익률을 합산했기 때문이다. 원리금 보장형 상품의 경우 수익률은 1퍼센트대다. 2퍼센트 중후반의 인플레이션을 감안한다면 실질수익은 마이너스인 것이다.

우리와 달리 미국과 호주는 주식 같은 원리금 비보장형 상품에 많이 투자하고 있다. 그 결과는 수익률에서 바로 확인할 수 있다. 수익률이 이렇게 높다 보니 미국에서 백만장자

[그림1-14] 주요국 퇴직연금 현황과 연평균 수익률(단위: %)

401(K) 은퇴자가 나오는 것도 무리는 아니다.

다행히 우리나라도 연금 시장에 대한 관심이 서서히 높아지고 있다. 또한 연금으로 부자가 될 수 있는 환경도 조성되어가고 있다. 그러니 이런 기회를 놓치지 말자. 바야흐로 연금 투자를 직접 하는 시대가 열렸다.

검증된 투자법에 주목하자

많은 직장인, 아니 대부분의 직장인이 연금을 원금 보장형 상품에 투자한다. 실질수익률(명목수익률－인플레이션)이 마이너스라고 아무리 설명해도 눈에 보이는 명목수익률이 플러스이니 돈이 불어나는 것 같은 착시를 겪게 되고, 그것을 사실로 믿게 된다.

하지만 수익률이 인플레이션을 이겨야 하고, 그래서 실질수익률이 플러스가 되어야 한다. 그래야 자산이 실제로 늘어난다. 그러기 위해서는 예·적금에 만족하지 말고 적극적으로 투자에 나서야 하는데, 투자를 한다는 것은 위험을 어느 정도 감수한다는 것을 뜻한다.

위험이 제로이면서 수익률 높은 투자는 없다. 다만 위험을 줄이면서 수익률은 시장 평균을 따라갈 수 있도록 설계된 방법들이 있으니, 그런 방법들을 공부하고 투자에 활용하면 된다.

[Tip] 명목수익률 vs 실질수익률

- 명목수익률: 특정 금융상품의 표면수익률
  (예) 정기예금 1.5퍼센트
- 실질수익률: 명목수익률 − 인플레이션
  (예) 정기예금 명목수익이 1.5퍼센트이고 인플레이션이 2.5퍼센트라면 실질수익률은 −1.0퍼센트(1.5−2.5)

기억해둘 워런 버핏의 가르침

'투자' 하면 빼놓을 수 없는 인물이 있다. 바로 투자의 신, 워런 버핏이다. 2008년 버크셔 해서웨이 주주총회에서 어느 참석자가 버핏에게 이렇게 질문했다. "30세 전업투자자가 18개월분 생활비를 확보한 상태에서 100만 달러를 투자한다면 어떻게 해야 할까요?"

버핏의 답변은 간결하면서도 강렬했다.

"모두 저비용 인덱스펀드에 투자하세요. 스스로를 아마추어라고 생각해야 합니다. 나라면 인덱스펀드에 묻어두고 일터로 돌아가겠습니다."

직장인이 주식 투자로 성공하기는 매우 어렵다. 나아가 노후를 준비하겠다며 개별 주식에 '몰빵' 하는 것은 투자가 아니라 투기에 가깝다. 물론 깊이 있는 공부를 통해 주식 투자에 성공하는 사람이 없는 것은 아니다. 그러나 대부분의 직장인은 전문 투자가에 비해 실력이나 정보가 턱없이 부족하고, 무엇보다 시간이 없다.

따라서 버핏이 조언한 바와 같이 자기 자신을 아마추어라고 생각하고 주식시장 전체가 성장하는 것에 맞추어 자산을 안정적으로 늘리는 투자를 해야 한다.

이 책에서는 연금 계좌를 활용해 세금 혜택을 받고 수익률을 높일 수 있는 투자 방법을 소개한다. 개별 주식에 투자하는 것처럼 많은 시간과 노력을 기울이지 않아도 안정적인 수익을 얻을 수 있는 검증된 투자법이다. 1년에 10분만 투자에 할애하고, 나머지 시간은 직장과 가족, 그리고 삶에 집중하자.

연금 투자는 빠를수록 좋다

연금뿐만 아니라 모든 투자는 빨리 시작할수록 좋다. 바로 복리 때문이다. 모두가 알고 있지만 모두가 알지 못하는 것이 복리다. 모두가 알고 있다는 것은 오랜 기간 투자를 하면 복리의 효과를 누릴 수 있다는 사실을 다들 인지하고 있다는 말이다. 모두가 알지 못한다는 것은 대부분의 사람들이 알면서도 그렇게 실천하고 있지 않다는 의미다.

복리 이야기가 나왔으니 워런 버핏을 다시 소환해보자. 버핏은 2022년 8월 기준 자산이 160조 원으로, 세계 7대 부자에 이름을 올렸다. 그가 운영하는 버크셔 해서웨이의 주가는 1965년부터 2014년까지 연복리 21.6퍼센트 상승한 것으로 알려져 있다.

여기서 간단한 산수를 한번 해보자. 버핏이 복리 21.6퍼센트를 일정하게 거두었다면 자산이 80조 원에서 160조 원으로, 즉 2배로 증가하는 데 얼마나 걸렸을까? 바로 3.3년이다. 72법칙으로 이를 간단하게 계산할 수 있다.

현재 92세인 버핏이 89세까지 겨우(?) 80조 원밖에 벌지 못하다가 3년 만에 160조 원을 만들었다면 버핏은 대기만성형 투자자인가? 그렇다고 대답하는 사람은 없을 것이다. 이것이 바로 복리의 힘이기 때문이다.

수익률 1%가 만들어내는 엄청난 차이

돈이 많다면 왜 노후를 걱정하겠는가? 생활비, 아이들 양육비, 학원비 등 월급을 받아서 이것저것 떼고 나면 저축할 돈이 많지 않은 것이 직장인들의 현실이다. 하지만 그렇기에 긴 시간을 이용해서 복리의 효과를 누려야 한다.

현재 1억 원이 있다고 가정해보자. 연간 7퍼센트의 복리로 투자를 한다면 10년 뒤와 30년 뒤 각각 얼마가 되어 있을까? 10년 뒤엔 2억 원이 되고, 30년 뒤엔 7억 6,000만 원이 된다. 그러니 은퇴하기 10년 전에 준비하는 것보다 신입사원 때 투자를 시작하는 것이 좋다. 만약 수익률이 7퍼센트가 아니라 8퍼센트이면 30년 뒤 자산은 7억 6,000만 원이 아니라 10억 원이 된다. 1퍼센트의 작은 차이가 긴 시간을 만나서 2억 4,000만 원이라는 큰 차이를 만드는 것이다.

투자 기간을 길게 가져가고, 수익률 1퍼센트도 소중하게 생각해야 한다. 수익률 1퍼센트가 시간을 만나면 엄청난 폭발력을 갖기 때문이다.

[Tip] 72법칙

72법칙은 이자율을 복리로 적용할 때 원금이 2배로 늘어나는 데 걸리는 시간을 계산하는 방법이다. 공식은 이렇다.

원금이 2배로 늘어나는 데 걸리는 시간 = 72 ÷ 복리 이자율

예를 들어 복리 9퍼센트의 정기예금이 있다면 '72 ÷ 9% = 8년'이므로 8년 뒤에 자산이 2배가 된다. 다양한 수익률의 소요 기간은 다음과 같다.

연복리 수익률	소요 기간
3%	24년
4%	18년
5%	14.4년
6%	12년
7%	10.3년
8%	9년
9%	8년
10%	7.2년
12%	6년
15%	4.8년
20%	3.6년

3장

황금알을 낳는
거위를 만들자

2019년 기준 국민연금 평균 수령액은 53만 원, 공무원연금은 248만 원으로 4배 가량 차이가 난다. 그 차이는 연금 납입액에 있다. 국민연금은 연봉의 9%(사용자와 근로자가 반반 부담), 공무원연금은 연봉의 18%(국가와 공무원이 반반 부담)를 납입한다. 이 차이를 없애서 직장인도 공무원연금만큼 혹은 그 이상을 받는 게 이 책의 목표다. 그 수단인 개인연금의 세제 혜택도 놓칠 수 없다.

부자의 재정의

부자란 무엇인가? 흔히 돈이 많은 사람을 부자라고 한다. 그렇다면 돈이 얼마나 많아야 할까? KB금융그룹에서는 매년 〈한국 부자(富者) 보고서〉를 발행한다. 이 보고서에서는 금융자산(현금 및 예·적금, 보험, 주식, 채권 등의 금융상품에 예치된 자산 합계)을 10억 원 이상 보유한 개인을 '한국 부자'로 정의하고 있다. 간단하게 얘기하면 부동산을 제외한 현금성자산이 10억 원 이상이어야 한다는 것이다. 달러로 말하면 백만장자에 해당한다.

10억 부자는 옛말

2000년대 초반에 '텐인텐(10 in 10)'이라는 유명한 인터넷 카

페가 있었다. 텐인텐이라는 용어 자체가 유행하던 시절이었다. 10년에 10억 만들기 프로젝트를 말하는 것인데, 함께 공부하고 정보도 공유해 부자가 되자는 취지의 공간이었다. 그때만 해도 10억 원이 있으면 부자였다.

20년이 훌쩍 지난 지금, 10억 원을 모으면 부자가 된다고 생각하는 사람은 아마 없을 것이다. 자산 가격이 많이 상승한 지금은 기준부터가 달라졌다. 서울의 아파트는 평당 1억 원이 넘어가는 곳을 쉽게 찾아볼 수 있다. 32평이면 최소 32억 원이 된다. 집 한 채로 이미 10억의 3배를 넘어선다.

2021년 통계청 자료에 따르면 상위 1퍼센트 가구는 순자산이 26억 원에 이른다. 소위 '30억은 있어야 부자'라는 말이 통계상으로도 맞는 것이다. 26억 원은 어느 정도의 돈일까? 일반인들은 상상하기도 어려운 금액이다. 6억 원의 아파트에 살고 20억 원의 금융자산이 있다면 매달 500만 원씩 33년을 써야 다 쓸 수 있는 돈이다. 원금에 이자가 붙는다면 그 기간은 더 늘어난다. 그 정도로 큰돈이다.

쓰는 돈보다 버는 돈이 많아야

얼마가 있어야 부자라고 할 수 있을까? 부자를 다시 정의해보자.

'쓰는 돈보다 버는 돈이 더 많은 사람', 조금 더 욕심을 내자면 '쓰는 돈보다 자동으로 버는 돈이 더 많은 사람'이 부자의 정의에 더 가깝다고 본다. 은퇴한 선배들 중에는 "먹고사는 데 지장 없는 정도면 부자 아닐까." 하고 얘기하는 경우가 많다. 수십억까지는 없어도 크게 돈 걱정 없이 지낼 수 있으면 그것으로 만족스럽다는 말이다.

은퇴 후 일하지 않고도 배당금이 되었든 월세가 되었든 매달 자동으로 입금되고, 그 입금액이 쓰는 돈보다 많으면 더할 나위 없이 좋지 않을까? 이는 곧 시간으로부터의 자유를 주고, 평소 관심이 있었지만 직장생활을 하면서 먹고살기 바빠 포기했던 일들을 지속적으로 하게 해주는 원동력이 될 것이다.

영원히 마르지 않는 원금

'4퍼센트 룰'이라는 것이 있다. '25배의 법칙'이라고도 한다. 1999년 미국의 트리니티대학 경제학과 교수 3명이 발표한 논문에 나오는 말로, 은퇴자금을 투자해서 매년 4퍼센트만 찾아서 쓰면 영원히 원금이 줄어들지 않는다는 이론이다. 7퍼센트의 기대수익률로, 3퍼센트는 인플레이션을 고려하고 4퍼센트만 찾아서 쓴다는 것이 핵심 내용이다.

4퍼센트 룰을 앞서 이야기했던 '쓰는 돈보다 버는 돈이 많은 부자'에 대입해보자. 만약 월 300만 원을 사용한다고 가정한다면 1년이면 3,600만 원이다. 3,600만 원의 25배이면 9억 원이다. 9억 원이 있고, 투자로 7퍼센트의 수익을 얻어서 그 수익을 사용하면(3퍼센트는 인플레이션, 4퍼센트는 실질 사용 금액) 영원히 연간 3,600만 원을 사용해도 원금이 줄어들지 않게 된다. 이것이 4퍼센트 룰이다. 이런 상태를 "파라다이스에 도달했다."라고 한다. 부자란 파라다이스에 도달한 사람이라고 재정의하고 싶다.

월 300만 원을 예로 들었지만, 만약 월 100만 원으로도 생활이 가능하다고 판단되면 원금은 3억 원만 있으면 된다. 은퇴 후 필요 금액을 각자 생각해보고 한 번쯤 계산도 해보자 (표1-2 참조). 최근 파이어족이 유행하면서 이 계산법이 널리 알려졌고, 구체적인 목표로 삼는 경우도 많아졌다.

새로 정의된 부자에서는 순자산 30억 원이 없어도 된다. 자신이 필요한 월 생활비를 산정하고, 그에 알맞은 원금을 마련한 사람이 부자인 것이다.

[표1-2] 부자가 되기 위한 원금 계산

월 생활비	연간 생활비	파라다이스 금액
100만 원	1,200만 원	3억 원 (1,200만 원×25)
300만 원	3,600만 원	9억 원 (3,600만 원×25)

직장인이지만
공무원연금 받기로 했습니다

월급의 9퍼센트로 공무원 수준의 연금 받기

언제부터인가 대한민국은 공무원이 되고 싶어 하는 나라가 되었다. 2017년 세계적인 투자가 짐 로저스(Jim Rogers)가 KBS의 프로그램 〈명견만리〉에 출연한 적이 있는데, 노량진 고시촌에서 공무원에 도전하는 청년들을 만나는 장면이 보도되었다.

로저스는 과거 다이내믹 대한민국에 대해 많은 칭찬을 했지만, 현재는 그 역동성이 떨어졌다고 논평했다. 또한 합격률이 1.8퍼센트에 불과한 공무원에 도전하는 청년이 많은 것을 보고 한국의 미래를 걱정하기도 했다. 그는 청년들의 꿈이 공무원인 나라는 미래가 없다는 강력한 메시지를 던졌다.

알고 있는 사실이었지만 외국인이, 그것도 명성 높은 투자자가 직접 노량진 거리를 다니면서 청년들을 인터뷰한 내용을 보자니 새로우면서도 조금 더 실감 나게 다가왔다.

공무원의 안정성과 두둑한 연금

우리나라 청년들이 이렇듯 공무원에 도전하게 된 이유는 무엇일까? 여러 가지가 있겠지만 가장 큰 이유는 직업의 안정성과 더불어 평생 받을 수 있는 연금, 이 두 가지가 아닐까 싶다.

일반 사기업에 들어가면 정년을 채우기는 불가능에 가깝다. 반면 공무원은 큰 이변이 없는 한 정년이 보장된다. 그리고 정년이 끝나면 두둑한 연금을 받게 된다. 공무원연금은 일반 사기업에 다녔던 직장인의 국민연금보다 많다. 그러니 청년들이 공무원에 도전하는 것은 어찌 보면 당연한 일이다.

사실 공무원이 적은 연봉에도 큰 불만이 없는 것은 정년퇴직 후 받는 연금 때문이다. [표1-3]에서 2016년 기준 국민연금, 공무원연금, 군인연금을 비교해놓았다. 표에서 아마도 1인당 월평균 지급액에 눈이 많이 갈 것이다. 국민연금은 약 37만 원인 데 반해, 공무원연금과 군인연금은 240만 원이 넘는다.

[표1-3] 공적연금의 비교(2016년 기준)

구분	국민연금	공무원연금	군인연금
수급자	438만 4,746명	45만 2,942명	8만 9,098명
1인당 월평균 지급액	36만 8,210원	241만 9,000원	249만 5,260원 (2015년)
개시 연령	62세 (2033년 이후 65세)	60세 (2033년 이후 65세)	퇴역 다음 날
국가보전금	–	2조 3,189억 원	1조 3,665억 원
보험료율(*)	9%	18%	14%

*국민연금은 사용자와 근로자가 절반씩 부담.
공무원연금과 군인연금은 개인과 국가가 절반씩 부담.

하지만 여기서 주목해야 할 부분은 1인당 월평균 지급액이 아니라 보험료율이다. 보험료율이란 쉽게 말해서 납입해야 하는 부담금이다. 국민연금의 경우 개인이 연봉에서 4.5퍼센트를 내고 회사에서 4.5퍼센트를 부담해서 전체 9퍼센트를 납입하게 된다. 공무원연금의 경우 개인이 9퍼센트를 내고 국가에서 9퍼센트를 부담해서 전체 18퍼센트를 납입하게 된다.

그렇다면 일반 직장인이 공무원연금에 준하는 연금을 받고 싶다면 어떻게 해야 할까? 답은 간단하다. 국민연금 외에 9퍼센트를 개인연금에 납입하는 것이다. 게다가 개인연금은 연말정산 시 세제 혜택까지 준다. 연간 600만 원을 납입하면 최소 79만 2,000원을 공제받을 수 있다.

공무원연금이 많다고 부러워만 하지 말고, 공무원 수준의 연금을 받을 수 있는 장치를 마련하자. 일반 직장인도 공무원연금에 준하는 연금을 받을 수 있다. 직장에 들어가자마자 개인연금에 연봉의 9퍼센트를 납입하면 된다.

사회 초년생 때부터 세액공제 한도액인 연간 600만 원(2022년까지는 연간 400만 원)을 꽉꽉 채우자. 일찍 시작하는 것이 무엇보다 중요하기 때문이다.

"4%, 7%, 25배"

부자로 은퇴하기 위해 기억할 숫자다.

은퇴자금을 7% 기대수익률로 투자해서 4%만 찾아서 쓰면 영원히 원금이 줄어들지 않는다. 이때 필요한 원금은 매년 받고 싶은 금액의 25배다.

은퇴 후 매년 받고 싶은 금액 × 25배 = 은퇴 후 부자가 될 금액

(= 파라다이스 금액)

일반 직장인은 정신 바짝 차려야 한다

앞서 국민연금과 공무원연금의 보험료율에 대해서 언급했다. 회사와 국가가 부담하는 부분까지 합하면 국민연금은 9퍼센트, 공무원연금은 18퍼센트다.

가끔 회사에서 동료들과 연금에 관한 대화를 할 때가 있다. 며칠 전에도 동료들에게 수학 문제를 낸다고 말하고서는 "직장인이 공무원 수준의 연금을 받으려면 어떻게 해야 할까?"라고 물어보았다. 누군가 "9퍼센트를 더 내면 되겠네요."라고 간단하게 대답했다. 그러더니 "공무원들이 연금저축에 가입하면 그 사람들 노후는 정말 풍족하겠네요."라고 덧붙였다.

연금 부자로 살기

나는 블로그를 운용하고 있다. 어느 날 블로그에 공무원이 문의를 해왔다. 부부가 둘 다 공무원인데 정년퇴직 후 연금저축으로 월 100만 원씩 연간 1,200만 원을 수령하면 종합과세가 되는지에 대한 문의였다. 개인연금인 연금저축펀드로 월 100만 원씩 연간 1,200만 원까지는 종합과세가 되지 않는다. 이 공무원은 그건 국민연금을 받는 일반인들에게 해당하고 혹시 공무원은 다른 기준이 적용되지 않을까 하고 생각한 모양인데, 국민연금과 공무원연금은 모두 공적연금이다. 성격이 같으므로 개인연금으로 동일하게 연간 1,200만 원까지는 종합과세가 되지 않는다.

문의에 대해 답변하고 나서 나는 "일반 직장인들은 정신 빠짝 차려야 한다."라는 제목으로 블로그에 글을 남겼다. 2016년 기준으로 국민연금보다 200만 원을 더 받는 공무원들도 개인연금에 추가로 가입해서 이렇게나 철저히 준비하는데, 일반 직장인들은 더더욱 관심을 가지고 실천해야 한다는 내용이었다. 많은 사람이 공감해주었다.

연봉의 9퍼센트를 기억하자

나는 전작인 《우리 아이를 위한 부의 사다리》 출간 이후 공공기관에서 몇 차례 강연을 할 기회가 있었다. 주로 아이들의 미래 준비에 관해 이야기했는데, 강연 말미에 부모들을 위한 투자전략으로서 이 책에서 소개하는 내용을 간략하게 전달했다.

강의가 끝나자 연금저축에 관심이 많은 사람들이 질문을 했다. 그런데 놀라운 것은 질문자 대다수가 공무원이었다는 점이다. 이미 풍족한 연금을 받을 예정인데도 그렇게나 많은 관심을 기울이는 모습을 보면서 일반 직장인들은 더욱더 분발해야겠다는 생각이 들었다.

공무원과 같은 수준으로 연금을 받고 싶다면 연봉의 9퍼센트를 연금저축펀드에 납입하면 된다. 너무나도 쉬운 산수다. 문제는 실천이다. 실천만 하면 누구나 안정적인 노후를 맞이할 수 있다. 물론 빠듯하게 생활하는 가운데 연봉의 9퍼센트를 저축한다는 것은 쉬운 일이 아니다. 강제로 떼어가면 어쩔 수 없이 납입하게 되겠지만, 그렇지 않은 경우 자신이 직접 신경을 쓰고 관리를 해야 하는 어려움이 있다.

그럼에도 강제로 한다는 마음을 갖고 납입할 것을 강하게 권한다. 노후는 생각보다 멀지 않고, 준비 부실로 인한 결과는 오롯이 본인의 책임이기 때문이다. 일반 직장인은 정신 바짝 차려야 한다.

황금알을 낳는 거위를 가지고 은퇴하라

《황금알을 낳는 거위》라는 이솝우화가 있다. 농부가 욕심
에 눈이 멀어 황금알을 낳는 거위의 배를 갈랐더니 황금알이
없었고 거위만 잃었다는 이야기다. 우리는 이런 슬픈 결론을
맞이해서는 안 되겠다. 황금알을 낳는 거위를 집으로 데려와,
매달 또는 매년 황금알을 얻어 평생 행복하게 살았다는 이야
기로 만들자.

그렇다면 이 우화를 연금 투자에 맞게 각색해볼 필요가 있
다. 앞서 연금을 수령할 때 연간 1,200만 원까지는 종합과세
가 되지 않는다고 했다. 그리고 연금은 수령하는 나이에 따라
서 3.3~5.5퍼센트의 낮은 세율이 적용된다. 따라서 은퇴 후
월 100만 원 수령을 1차 목표로 삼을 수 있다.

부자로 은퇴하기 위한 원금

    연금저축을 연간 7퍼센트의 기대수익률로 투자한다고 가정해보자. 7퍼센트의 수익을 얻어 7퍼센트를 모두 사용하면 이론상으로는 원금이 줄어들지 않고 수익으로만 생활할 수 있다. 이때 수익인 7퍼센트가 연간 1,200만 원이 되려면 원금은 얼마나 필요할까? 1억 7,000만 원이다(1,200만 원/0.07=1억 7,142만 원). 즉 1억 7,000만 원을 모은 다음, 은퇴 후 7퍼센트의 기대수익률로 투자하고 7퍼센트를 찾아서 사용하면 영원히 월 100만 원을 써도 원금 1억 7,000만 원은 그대로 있게 된다.

    이것을 '7퍼센트 룰'이라고 한다. 즉 7퍼센트의 수익을 얻어 7퍼센트를 모두 사용하는 것을 말한다. 수치상으로는 7퍼센트 수익에 7퍼센트 사용이라 원금이 줄어들지 않으나, 인플레이션을 고려하면 원금이 조금씩 줄어들 수 있음을 염두에 두자.

    이번에는 앞서의 상황을 4퍼센트 룰로 다시 계산해보자. 이미 설명했듯이 7퍼센트의 수익을 얻어서 3퍼센트의 물가상승률을 제외하고 4퍼센트만 생활비로 사용하면 영원히 원금이 줄어들지 않고 살아나갈 수 있다는 것이 4퍼센트 룰이었다. 연간 1,200만 원을 4퍼센트로 받으려면 원금이 얼마나 있어야 할까? 정답은 3억 원이다(1,200만 원/0.04=3억 원). 즉, 7퍼센트의 수익을 얻어 7퍼센트를 생활비로 월 100만 원 사용하려면 원금이 1억 7,000만 원 있어야 하고, 7퍼센트의 수익을 얻어 4퍼

[표1-4] 황금알을 낳는 거위 계산법

	황금알을 낳는 거위 1 (7퍼센트 룰)	황금알을 낳는 거위 2 (4퍼센트 룰)
목표 월 생활비	100만 원	100만 원
운용 기대수익률	7%	7%
인플레이션	0%	3%
사용 수익률	7%	4%
필요 원금	1억 7,000만 원	3억 원

센트를 생활비로 월 100만 원 사용하려면 원금 3억 원이 필요하다.

자,《황금알을 낳는 거위》의 각색이 끝났다. 원금 1억 7,000만 원에서 3억 원 사이를 모아서 은퇴 후 연간 4~7퍼센트에 해당하는 월 100만 원을 사용하는 것이다. 원금은 황금알을 낳는 거위이고, 월 수령액은 황금알이라고 볼 수 있겠다. 물론 금액은 각자의 상황에 맞춰 변경하면 된다. 중요한 건 7퍼센트의 수익을 얻어서 4~7퍼센트를 생활비로 쓰면 평생 거위와 함께 잘살 수 있다는 점이다(표1-4 참조).

이 책은 어떻게 황금알을 낳는 거위를 만들고 어떻게 영원히 황금알을 얻을 수 있는지, 그 실천적 방법을 소개한다.

직장인이여, 황금알을 낳는 거위를 가지고 은퇴하라!

PART 2
직장인도 공무원만큼
연금 받자

4장

개인연금:
좀 더 풍요로운
노후를 누리자

직장인이 공무원연금만큼 받는 첫 번째 방법으로 이 장은 개인연금을 소개한다. 개인연금에는 연금저축보험, 연금저축신탁, 연금저축펀드 3종이 있으나 그중 가장 수익이 좋은 것은 연금저축펀드다. 연금저축펀드는 연 납입 금액 600만 원(2023년 기준)까지 소득공제 혜택이 있고, 연금 수령 시 연 1,200만 원까지는 종합소득세에 포함되지 않는다. 투자 수익률의 복리 효과로 인해 원금이 눈덩이처럼 불어날 뿐만 아니라, 연금 수령 동안에도 계속해서 운용이 가능하다.

우리나라 연금 시스템

우리나라는 3층의 연금 구조를 가지고 있다(그림2-1 참조). 법정제도인 국민연금을 통해서 기초생활을 보장하고 있고, 준법정제도인 퇴직연금을 통해서 안정적인 노후 생활을 준비하도록 하고 있다. 그리고 임의제도인 개인연금을 통해 좀 더 여유로운 생활을 하도록 기반을 마련해놓고 있다. 책임 주체와 연금 유형별 담당 기관은 [표2-1]과 같다.

국민연금은 법정제도로서 강제성을 띠고 있다. 즉 소득이 있는 경우 의무적으로 국민연금에 가입해야 한다. 운용과 지급 보증은 국가에서 하므로 개인이 관여할 부분은 없다. 퇴직연금은 근로소득이 있는 경우 가입하는 것으로서 여러 유형이 존재하는데, 그중 개인이 직접 운용할 수 있는 유형이

[그림2-1] 대한민국 연금 구조 및 필요성

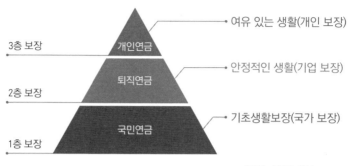

[표2-1] 연금 유형별 담당 기관

구분	보장 체계	책임 주체	연금 유형	담당 기관
공적연금	제1층	국가	국민연금	보건복지부
			공무원연금	인사혁신처
			사립학교 교직원연금	교육부
			군인연금	국방부
사적연금	제2층	기업	퇴직금, 퇴직연금	고용부, 금융위, 금감원
	제3층	개인	개인연금	금융위, 금감원

*자료: 통합연금포털

있다. 마지막으로 개인연금은 주체가 개인이며, 필요에 따라 자유롭게 가입하면 된다. 개인연금 또한 퇴직연금과 마찬가지로 본인이 직접 운용할 수 있는 유형이 있다.

직접 운용이 가능한 연금

[표2-2]에 연금별 운용 주체와 직접 운용 가능 여부를 정리했다. 표에 나와 있듯이 퇴직연금 중 DC형과 IRP, 그리고 개인연금 중 연금저축펀드를 본인이 직접 운용할 수 있다. 이 책은 이 세 가지 유형(DC형·IRP, 연금저축펀드로 크게 두 가지 분류)에 한정해서 연금을 직접 운용하는 방법을 상세히 소개한다. 그럼 하나씩 살펴보자.

[표2-2] 연금별 운용 주체 및 직접투자 가능 여부

	국민연금	퇴직연금			개인연금		
		DB형	DC형	IRP	연금저축 신탁	연금저축 보험	연금저축 펀드
운용 주체	국가	회사	개인	개인	개인	개인	개인
직접투자	불가능	불가능	**가능**	**가능**	불가능	불가능	**가능**

세금 혜택이 많은 개인연금

국민연금과 퇴직연금이 법정 또는 준법정 제도에 해당한다면 개인연금은 임의제도에 해당한다. 즉, 국민연금과 퇴직연금은 강제성을 띠는 반면 개인연금은 강제성이 없다. 각자가 필요하다고 판단되면, 자유롭게 가입하면 된다.

개인연금은 은퇴 후 좀 더 여유로운 노후를 누리기 위해 만들어진 제도다. 국민연금이나 퇴직연금만으로는 부족하다고 느끼거나 좀 더 풍족한 노후 생활을 원할 경우 활용할 수 있다. 정확한 상품명은 '연금저축'이며, 가입 기관에 따라서 연금저축신탁, 연금저축보험, 연금저축펀드, 세 종류로 나뉜다.

세액공제와 낮은 연금소득세

개인연금, 즉 연금저축의 개요를 [표2-3]에 정리했다. 연금저축은 가입 대상에 제한이 없고, 세액공제 혜택이 있으며, 연금 수령 시 세율도 낮다. 국민들의 노후 대비를 위해 만들어진 제도인 만큼 혜택이 다양하다. 이런 혜택은 투자자 입장에서 본다면 수익률을 극대화하는 데 도움이 된다. 이를 적극적으로 활용한다면 노후를 위한 자산 형성에 큰 도움이 된다.

[표2-3] 개인연금 계좌 가입 대상 및 요건

구분	내용
가입 대상	제한 없음
판매 기간	2013년 3월~현재
납입 요건	가입 기간: 5년 이상
	납입 금액: 연 1,800만 원 한도
연금 수령 요건	만 55세 이후 수령
	연간 연금 수령 한도 내에서 수령할 것
연금 수령 한도	연금 계좌의 평가액/(11-연금 수령 연차)×120%
세제 혜택	세액공제(12~15%)
중도 해지 과세	기타소득세(16.5%)
연금 수령 세율	연금소득세(3.3~5.5%)
연금 외 수령 세율	기타소득세(16.5%)
종합과세	연금 수령액 1,200만 원 초과 시 수령액 전액 (사적연금 수령액만 고려)
사망 시 승계	배우자만 가능

연금저축신탁 vs 연금저축펀드 vs 연금저축보험

앞서 잠깐 설명했듯이 연금저축은 가입 기관에 따라서 세 가지 유형으로 나뉜다. 가입 기관이 은행일 경우 연금저축신탁, 보험사일 경우 연금저축보험, 증권사일 경우 연금저축펀드라고 한다. 증권사에서도 연금저축보험을 취급하고, 보험사에서도 연금저축펀드를 판매하긴 하지만, 아무래도 각 유형별 전문 기관을 찾는 것이 여러모로 유리하다.

각 기관이 하는 역할이 다르므로, 필연적으로 연금저축도 그 특성이 달라질 수밖에 없다. [표2-4]는 연금저축의 유형별 특징을 나타낸 것이다. 이 가운데 은행에서 가입하는 연금저축신탁은 2018년을 기점으로 신규 가입이 중단되었다. 따라서 신규 가입을 고려하는 사람은 증권사에서 판매하는 연금저축펀드나 보험사에서 판매하는 연금저축보험 두 가지 가운데 선택해야 한다.

다만 연금저축보험은 연금저축펀드에 비해 여러 가지 측면에서 아쉬운 점이 많다. 무엇보다 직접 운용이 불가능하므로 보험사가 제공하는 수익에 만족해야 한다. 뒤에서 소개하는 연금저축펀드와 연금저축보험을 비교하면서 본인에게 맞는 상품을 선택하도록 하자.

[표2-4] 연금저축 유형별 특징

	연금저축신탁 (가입 중지)	연금저축펀드	연금저축보험
주요 가입 기관	은행	증권사(은행, 보험사)	보험사(은행, 증권사)
납입 방식	자유납	자유납	정기납(*)
사업비(차감)	없음	없음	5~10%
금리	실적배당(신탁수익)	실적배당	공시이율
직접 운용	불가능	가능	불가능
연금 수령 방식	확정기간형	매우 다양	종신(생명보험사) 또는 확정기간형
연금 개시 후 수령 방식 변경	가능	가능	불가능
원금 보장	2017년 이전 계좌 보장	미보장	보장
연금 개시 후 운용	불가능	가능	불가능
연금 개시 후 수수료	없음	없음	0.5% 내외
예금자보호법	적용	미적용	적용

*정기납: 2회 이상 미납 시 효력 정지가 될 수 있으므로 각별한 유의가 필요하다.
납부중지 혹은 납부유예 제도 활용 가능.

연금저축펀드가 필요한 이유

연금저축펀드의 장단점은 연금저축보험과 정확하게 반대다. 연금저축펀드의 가장 큰 장점은 국내에 상장된 ETF에 직접투자를 할 수 있다는 것이다. 직접투자를 통해 수익을 늘릴 수 있는 데다 세액공제 혜택이 있으며, 연금 개시 후 계좌 관리 수수료도 없다.

무엇보다 연금을 수령하면서도 운용이 가능하다. 연금을 받는 동안에도 투자가 가능하니 돈이 지속적으로 불어나게 된다. 이것은 퇴직연금 등 다른 계좌들이 최종적으로는 연금저축펀드로 합쳐져야 함을 의미한다. 모든 연금을 통틀어 수령 후에도 투자가 가능한 것은 연금저축펀드밖에 없기 때문이다. 연금저축신탁, 연금저축보험, 퇴직연금(DC형, IRP), ISA 계좌 등에 가입되어 있더라도 최종 목적지는 연금저축펀드가 되어야 한다는 뜻이다.

영원히 마르지 않는 원금

그뿐만 아니라 운용상의 실패가 아니라면 연금저축펀드는 원금이 줄어드는 일도 없다. 연금저축보험은 가입자의 납입료 일부를 사업비 명목으로 차감하는데, 이것은 원금을 깎아먹을 뿐만 아니라 수익률에도 치명적이다. 연금저축보험 가입 후 몇 년이 지나도 원금이 되지 않는다고 하소연하는 사람이 주위에 너무나도 많다. 그것은 이 사업비와 더불어 상해보험 형태로 포함되어 있는 보험료 때문이다.

만약 지금 연금저축보험에 가입되어 있다면 수익률을 한번 점검해보자. 정말 놀라운 결과를 보게 될 것이다. 수익률이 너무 낮아서 놀란다는 의미다.

당장 연금저축보험을 버려라

직장에 들어가서 첫 월급을 받게 되면 주위에 이것저것 가입하라며 권유하는 사람이 많다. 이모, 고모, 또는 어머니 친구분들이다. 그중에는 당연히 연금저축보험도 포함돼 있다.

[표2-5] 연금저축 적립금 현황(단위: 조 원)

구분	2015년 말	2016년 말	2017년 말	2018년 말	2019년 말	2020년 말	2020년 말 비중(%)
보험	81.1	88.2	94.9	100.5	105.6	109.7	71.9
신탁	15.3	16.1	16.8	17.2	17.4	17.6	11.5
펀드	8.8	9.7	12.2	12.1	14.5	18.9	12.4
기타*	3.5	4.5	4.9	5.4	5.9	6.4	4.2
합계	108.7	118.5	128.8	135.2	143.4	152.6	100.0

* 기타는 우정사업본부, 새마을금고, 신협, 수협 등   *자료: 통합연금포털

압도적으로 많은 연금저축보험 가입자

[표2-5]에 연금저축 유형별 적립금을 정리했다. 연금저축보험이 다른 유형에 비해 압도적으로 많다(71.9%). 신탁이나 펀드에 비해서 보험은 설계사의 권유로 가입하는 사람이 많아서 그렇다.

연금저축은 다른 유형으로 손쉽게 이전이 가능한데, 2020년 이후 많은 사람이 연금저축보험에서 연금저축펀드로 갈아탔다. 그것은 팬데믹 쇼크(2020년 3월 주식시장 급락) 이후 주식시장이 크게 오르면서 직접 운용하여 수익을 내겠다는 사람이 많아졌기 때문이다.

연금저축보험은 상대적으로 수익률이 낮은 데다 직접 운용도 불가능하다. 수익률이 높은 곳으로 돈이 움직이는 것은 당연한 일이며, 이런 현상은 앞으로도 계속될 것이다.

[표2-6]은 연금저축 유형별 수익률을 나타내고 있다. 보험 및 신탁은 은행이자 또는 채권 수익률 정도인 1~2퍼센트를

[표2-6] 연금저축 유형별 납입 원금 대비 수익률(단위: %)

구분	생명보험사	손해보험사	신탁	펀드
2019년	1.84	1.50	2.34	10.50
2020년	1.77	1.65	1.72	17.25

*자료: 통합연금포털

직장인이지만
공무원연금 받기로 했습니다

기록한 반면, 펀드는 10퍼센트 이상의 수익률을 보이고 있다.

연금저축보험 가입을 권유한 이모를 원망하지 말자. 공부 없이 무턱대고 가입한 나 자신을 탓하고, 지금이라도 직접 수익을 낼 수 있는 연금저축펀드로 갈아타자.

종신 수령에 속지 말자

연금저축보험을 추천하는 사람들은 종신 수령을 가장 큰 장점으로 꼽는 경우가 많다. 연금에 가입하는 이유가 종신 수령을 하기 위해서인데, 왜 종신 수령이 안 되는 연금저축펀드에 가입하느냐는 것이다. 정말 종신 수령이 좋은 걸까?

사실 그 답은 조금만 생각해봐도 알 수 있다. 보험사에서 가입자가 사망할 때까지 주는 연금의 원천은 무엇일까? 가입자가 납입한 돈과 무관하게 보험사가 손해를 보면서까지 연금을 지급해줄까?

결코 그럴 리가 없다. 그렇게 지급했다면 보험사는 이미 다망했을 것이다. 보험사가 가입자에게 지급하는 돈은 가입자가 납부한 원금과 원금에 붙은 이자로 이루어진다. 즉, 종신으로 수령한다고 해도 납입금과 운용수익이 적다면 받는 돈이 적어지고, 종신으로 수령하지 않는다고 해도 납입금과 운용수익이 크다면 받는 돈은 많아진다. 너무 간단한 논리인데 종신이라는 단어 하나에 매몰되는 경우가 많다.

종신 수령이라는 단어에 환상을 갖지 말자. 판매사(보험사)가 가끔 실수로 고이율의 상품을 출시하기도 하지만 회사는 바보가 아니다. 사람들의 평균 수명과 적립금 및 이자에 대한 자세한 데이터를 이미 산출해서 가지고 있다. 종신 수령하는 돈의 원천은 이미 정해져 있다. 그 원금을 많이 만드는 데 집중해야 한다.

원금 보장에 매몰되지 말자

내가 한때 근무했던 회사는 예전부터 직원들에게 연금저축보험을 가입해주었다. 회사가 납입금 절반을 부담하고, 직원이 월급에서 절반을 부담했다. 당시 월급명세서를 보고 왜 내 돈을 떼어 가느냐고 투덜거리는 직원들이 제법 있었다. 돌이켜 보면 얼마나 금융 문맹이었는지 부끄러운 일이다.

같은 회사에 다니는 처조카에게 몇 년 전 연락이 왔다. 나 때는 연금저축보험만 가입할 수 있었는데 이제는 연금저축펀드도 가능하다고 했다. 반가운 소식이었다. 원금 보장형 상품으로 은행이자 정도 되는 수익률에 만족해야 했는데, 이제는 직접투자도 가능해진 것이다.

처조카의 연락을 받고 오랜만에 내 계좌를 열어보았다(그림2-2 참조). 자그마치 수익률이 31.19퍼센트에 달했다. 1년 수익률이 아니다. 무려 17년간의 수익률이다. 연평균 수익률로 따지면 1.64퍼센트에 불과하다. 평균 인플레이션을 2.5퍼센트로 가정한다면 실질수익률은 마이너스 0.86퍼센트다. 눈에 보이는 원금은 보장받았지만, 실제 그 돈으로 살 수 있는 물건값은 더 올라버렸다. 인플레이션이 내 연금을 지속적으로 갉아먹고 있었다.

원금 보장이라는 말에 눈이 멀면 안 된다. 실질수익률이 플러스가 되어야 한다. 현재 연금저축보험에 가입해 있다면 당장 계좌를 확인해보기 바란다. 관심이 사라지는 만큼 나의 연금도 같이 사라지고 있다.

[그림2-2] 17년간 납입한 연금저축보험 수익률(저자의 실제 계좌)

누적수익률/연평균수익률(%)	
납입보험료 기준	적립보험료 기준
31. 19/1.64	33.01/1.73

✩✩✩

연금저축의 세 가지 유형(보험, 신탁, 펀드) 중 펀드 수익률이 가장 높다. 2019~2020년 기준 보험과 신탁은 은행이자 또는 채권 수익률 정도인 1~2%, 펀드는 10% 이상을 거두었다. 보험이 내세우는 종신 수령과 원금 보장에 속지 말자. 종신 수령의 원천은 납입 금액에 있고, 원금 보장보다 중요한 것은 실질수익률이다.

연금저축펀드와 연금저축보험의 수익률 차이

[표2-7]은 시중 생명보험사에서 판매하는 연금저축보험의 납입금과 환급금 예시다. 40세 남성이 25년간 매달 34만 원을 납입하고 만 65세부터 연금을 수령하는 상품이다. 공시이율로 보면 해지환급금이 원금과 같아지는 시기는 가입하고 4년이 지난 후다. 그전에 해지하면 원금도 안 된다는 이야기다.

내가 예전에 직장에서 가입한 상품은 7~8년이 지나야 겨우 원금이 되었다. 과장은 되어야 원금이 된다는 이야기를 동료들과 나누곤 했다. 어쩌면 당시 공시이율이 지금보다 낮고 보험사도 달라서 그랬을 수 있다. 어쨌거나 이렇듯 연금저축보험은 사업비와 일부 보험료 차감으로 인해 원금이 되는 데도 많은 시간이 걸린다.

85세가 되어야 원금 회수

그렇다면 이 보험 상품을 만 65세부터 수령하는 경우를 살펴보자. [표2-8]은 연금 수령 나이별 연간 연금 수령액과 누적 액수를 나타낸 것이다. [표2-7]에서 확인한 바와 같이 25년간 납입 원금은 1억 200만 원이다. 공시이율 2.26퍼센트 가정 시 만기환급금은 1억 3,193만 원이다. 25년간 29퍼센트의 이자가 붙었다. 1년 수익률이 아니다. 자그마치 25년간의 수익률이다.

[표2-7] 연금저축보험의 납입 보험료와 환급금 비교(단위: 원, %)

경과 기간	납입 보험료	최저보증이율 가정 시		평균 공시이율과 현 공시이율 중 최저 2.25% 가정 시		현 공시이율 2.26% 가정 시	
		해지환급금	환급률	해지환급금	환급률	해지환급금	환급률
3개월	1,020,000	976,757	95.7	978,762	95.9	978,778	95.9
6개월	2,040,000	1,955,946	95.8	1,962,984	96.2	1,963,040	96.2
9개월	3,080,000	2,937,575	95.9	2,952,696	96.4	2,952,816	96.4
1년	4,080,000	3,921,648	96.1	3,947,928	96.7	3,948,138	96.7
2년	8,160,000	7,882,512	96.5	7,984,685	97.8	7,985,504	97.8
3년	12,240,000	11,882,985	97.0	12,112,269	98.9	12,114,115	98.9
4년	16,320,000	15,888,488	97.3	16,332,723	100.0	16,336,032	100.0
5년	20,400,000	19,924,031	97.6	20,648,138	101.2	20,653,365	101.2
6년	24,480,000	23,934,759	97.7	25,060,650	102.3	25,068,269	102.4
7년	28,560,000	27,965,541	97.9	29,572,442	103.5	29,582,950	103.5
8년	32,640,000	32,070,069	98.2	34,239,848	104.9	34,253,763	104.9
9년	36,720,000	36,195,120	98.5	39,012,270	106.2	39,030,136	106.2
10년	40,800,000	40,340,796	98.8	43,892,072	107.5	43,914,456	107.6
15년	61,200,000	61,382,184	100.2	69,988,262	114.3	70,042,585	114.4
20년	81,600,000	82,954,892	101.6	99,155,392	121.5	99,259,694	121.6
25년	102,000,000	105,072,339	103.0	131,754,843	129.1	131,930,977	129.3

*기준: 남자, 40세, 보험료 34만 원, 전기납, 65세 연금 개시

[표2-8] 연금저축보험의 나이별 수령액(단위: 만 원)

연금 개시 이후		최저보증이율 가정		공시이율 가정		연금 지급 2차년도부터 최저보증이율 적용 가정	
경과 연수	나이	연금액	연금액(누계)	연금액	연금액(누계)	연금액	연금액(누계)
0년	65세	370	370	477	477	477	477
1년	66세	370	740	477	954	477	954
2년	67세	370	1,110	477	1,431	468	1,423
3년	68세	370	1,481	477	1,908	460	1,883
4년	69세	370	1,851	477	2,385	452	2,336
5년	70세	370	2,221	477	2,862	445	2,781
6년	71세	370	2,591	477	3,339	437	3,219
7년	72세	370	2,962	477	3,816	429	3,649
8년	73세	370	3,332	477	4,293	422	4,071
9년	74세	370	3,702	477	4,770	415	4,486
10년	75세	370	4,072	477	5,247	408	4,894
15년	80세	370	5,924	477	7,633	374	6,832
20년	85세	370	7,775	477	10,018	343	8,608
30년	95세	370	11,478	477	14,789	288	11,730
35년	100세	370	13,329	477	17,174	264	13,099

*기준: 남자, 40세, 보험료 34만 원, 전기납, 65세 연금 개시

다시 [표2-8]을 보자. 공시이율 2.26퍼센트를 적용할 경우 원금인 1억 200만 원을 받으려면 65세에서 20년이 지난 85세가 되어야 한다. 100세까지 산다고 해도 받을 수 있는 금액은 총 1억 7,174만 원에 불과하다. 100세까지 살아야 납입한 원금의 68퍼센트를 더 받을 수 있는 것이다.

연금저축펀드의 놀라운 차이

이번에는 연금저축펀드로 운용한 경우를 살펴보자. 연금저축펀드에서 직접 운용했을 때의 예상 누적 금액을 [표2-9]로 정리해보았다. 정적 자산 배분(여러 자산군에 일정 비율로 분산 투자한 후 일정 기간마다 자산군의 비율을 맞추어주면서 하는 투자법)의 경우 연간 기대수익률은 7~9퍼센트 내외다. 여기서는 7퍼센트로 가정해 계산했다.

앞서 살펴본 연금저축보험 상품과 25년간의 누적 금액을 비교해보자. 앞선 보험 상품의 경우 만기환급금이 1억 3,193만 원이었다. 그리고 100세까지 살아야 1억 7,174만 원을 받을 수 있었다. 반면 직접 운용한 연금저축펀드는 연금 수령을 개시할 때 이미 누적 금액이 2억 7,700만 원이다. 게다가 연금저축펀드는 앞서 설명했듯이 연금 수령을 개시한 이후에도 지속적으로 운용해 수익을 더할 수 있다.

앞서 4퍼센트 룰에 대해서 살펴본 바 있다. 7퍼센트 수익을

[표2-9] 연간 수익률 7% 가정 시 연금저축펀드 누적 금액(단위: 천만 원)

월 납입금 / 소요 기간(년)	10만 원	20만 원	30만 원	**34만 원**	40만 원	50만 원	60만 원	70만 원	80만 원	90만 원	100만 원
1	0.12	0.25	0.37	0.42	0.50	0.62	0.73	0.87	1.00	1.12	1.25
2	0.26	0.52	0.77	0.88	1.03	1.29	1.51	1.81	2.07	2.32	2.58
3	0.40	0.80	1.20	1.37	1.61	2.01	2.34	2.81	3.21	3.61	4.02
4	0.56	1.11	1.67	1.89	2.22	2.78	3.24	3.89	4.44	5.00	5.55
5	0.72	1.44	2.16	2.45	2.88	3.60	4.20	5.04	5.76	6.48	7.20
6	0.90	1.79	2.69	3.05	3.59	4.48	5.23	6.28	7.17	8.07	8.97
7	1.09	2.17	3.26	3.69	4.35	5.43	6.34	7.60	8.69	9.78	10.86
8	1.29	2.58	3.87	4.38	5.16	6.45	7.52	9.03	10.32	11.61	12.89
9	1.51	3.01	4.52	5.13	6.03	7.54	8.79	10.55	12.06	13.57	15.07
10	1.74	3.48	5.22	5.92	6.96	8.70	10.16	12.19	13.93	15.67	17.41
11	1.99	3.98	5.97	6.77	7.97	9.96	11.62	13.94	15.93	17.92	19.91
12	2.26	4.52	6.78	7.68	9.04	11.30	13.18	15.82	18.08	20.34	22.60
13	2.55	5.10	7.64	8.66	10.19	12.74	14.86	17.84	20.38	22.93	25.48
14	2.86	5.71	8.57	9.71	11.43	14.28	16.67	20.00	22.86	25.71	28.57
15	3.19	6.38	9.56	10.84	12.75	15.94	18.60	22.32	25.50	28.69	31.88
16	3.54	7.09	10.63	12.05	14.17	17.72	20.67	24.80	28.35	31.89	35.43
17	3.92	7.85	11.77	13.34	15.70	19.62	22.89	27.47	31.39	35.32	39.24
18	4.33	8.66	13.00	14.73	17.33	21.66	25.27	30.33	34.66	38.99	43.32
19	4.77	9.54	14.31	16.22	19.08	23.85	27.83	33.39	38.16	42.93	47.70
20	5.24	10.48	15.72	17.82	20.96	26.20	30.56	36.68	41.92	47.16	52.40
21	5.74	11.49	17.23	19.53	22.97	28.72	33.50	40.20	45.94	51.69	57.43
22	6.28	12.57	18.85	21.36	25.13	31.41	36.65	43.98	50.26	56.55	62.83
23	6.86	13.72	20.59	23.33	27.45	34.31	40.03	48.03	54.89	61.76	68.62
24	7.48	14.96	22.45	25.44	29.93	37.41	43.65	52.38	59.86	67.34	74.82
25	8.15	16.30	24.44	27.70	32.59	40.74	47.53	57.04	65.18	73.33	81.48

얻어서 그중 3퍼센트는 인플레이션으로 감안하고 4퍼센트를 찾아서 쓰면 영원히 원금 손실 없이 수익만으로 생활할 수 있다는 내용이었다.

2억 7,700만 원의 4퍼센트는 1,108만 원이다. 앞서 살펴본 연금저축보험 상품에서는 연간 477만 원을 받는데, 연금저축펀드로는 그 2배 이상을 꼬박꼬박 받으면서 원금은 훼손되지도 않는다. 연금 수령액 연간 1,200만 원까지 종합소득세에 포함되지 않으므로 세율도 낮다.

[표2-10]에 지금까지 살펴본 연금저축보험과 연금저축펀드의 납입 금액과 수령 금액을 비교해놓았다. 어떤 것을 선택할 것인가?

[표2-10] 연금저축보험과 연금저축펀드의 수령 금액 비교

	연금저축보험	연금저축펀드
월 납입 금액	34만 원	34만 원
납입 기간	25년	25년
총 납입 금액	1억 200만 원	1억 200만 원
연간 수익률	2.50%	7.00%
25년 후 누적 금액	1억 3,193만 원	2억 7,700만 원
연간 연금 수령액	477만 원	1,108만 원
100세 수령 후 잔액	0원	2억 7,700만 원

"납입 원금 1억 200만 원, 보험은 연간 477만 원 수령, 펀드는 1,108만 원 수령"

연금저축보험이라면 연금저축펀드로 갈아타자. 월 34만 원씩 총 25년간 납입해 원금은 똑같이 1억 200만 원이나 연금 수령 액은 보험이 477만 원, 펀드가 1,108만 원이며 펀드는 원금 손실 도 없다.

5장

퇴직연금:
DC형과 IRP를
꼭 기억하자

연금 투자의 수단으로 개인연금에 이어 5장에서는 퇴직연금에 대해 알아본다. 퇴직연금에는 DB형, DC형, IRP 세 가지 유형이 있다. 그 세 가지 퇴직연금의 개념을 이해해보고 DB형과 DC형의 장단점을 비교함으로써 각자의 사정에 맞는 퇴직금 유형을 선택하도록 한다. IRP란 개인형 퇴직연금을 뜻하는데, 2022년 4월 14일 퇴직자부터는 의무적으로 IRP 계좌로 퇴직금을 받도록 법이 개정되었다. 이직이 많아진 요즘 미리 퇴직금을 다 써버리면 은퇴 후 노후의 살림이 불안정할 수 있기에, 모든 퇴직금을 한 계좌로 몰아서 은퇴 후 연금으로 수령할 수 있도록 한 제도가 바로 IRP다.

국가가 제도로 뒷받침하는 퇴직연금

직장에 다니다가 퇴사하게 되면 근무연수와 임금을 기준으로 퇴직금을 받게 된다. 예전에는 퇴직금을 일시금으로 받는 게 일반적이었다. 하지만 평생직장이라는 개념도 없어진 지 오래고, 근로자가 퇴직금을 받으면 다른 용도로 사용해버려서 정작 은퇴 후에 노후 보장이 되지 않는 경우가 대부분이었다.

그뿐만 아니라 퇴직금제도는 회사가 망하면 받지 못하는 문제가 생긴다. 이런 점을 개선해 근로자의 노후 보장에 실질적인 도움을 주고자 도입된 것이 퇴직연금제도다.

IRP 계좌로 퇴직금 이전 의무화

퇴직연금제도는 근로자의 퇴직금을 외부 금융기관에 적립

함으로써 안정성을 꾀하고, 근로자가 직장을 옮기더라도 지속적으로 적립해 최종적으로 은퇴할 때 퇴직금을 모아나갈 수 있도록 하는 것이 목적이다.

퇴직연금은 2005년 12월부터 노사 합의로 채택할 수 있게 되었고, 나아가 2012년 7월 근로자 퇴직급여 보장법이 개정되면서 개인형 퇴직연금인 IRP(Individual Retirement Pension)가 도입되었다.

2017년 7월에는 근로자뿐만 아니라 자영업자 등으로 퇴직연금 가입 대상이 확대되었으며, 2022년 4월 14일 이후 퇴사한 근로자부터는 퇴직금을 IRP 계좌로 지급하는 것이 의무화되었다.

[그림2-3]은 퇴직연금제도의 개략도다. 2019년 기준 10년차 직장인의 이직 횟수는 평균 4회로, 2010년 2.9회에 비해 30퍼센트 이상 증가했다. 이렇듯 노동시장이 유연해지고 이직이 많아지는 현상은 앞으로도 계속될 것으로 예상된다.

이직 횟수가 많아지면 퇴직금을 받는 횟수 또한 많아질 수밖에 없는데, 퇴직금을 받을 때마다 개인 통장에 넣어두면 나도 모르게 다 써버리고 만다. 이때 별도의 계좌(IRP)를 만들어서 A기업을 나오면서 받은 퇴직금을 적립하고, 다시 B기업을 나오면서 받은 퇴직금을 적립해서, 회사를 몇 번 옮기더라도 그때마다 적립한 퇴직금을 은퇴할 때 받자는 것이 퇴직연금

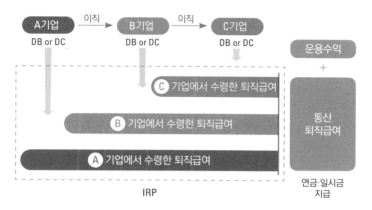

[그림2-3] 퇴직연금제도 개략도

의 도입 취지다. 퇴직연금은 나중에 연금의 형태뿐만 아니라 일시금(목돈)으로도 받을 수 있다.

퇴직연금의 종류

퇴직연금은 3종류가 있다(표2-11 참조). 확정급여형(DB형: Defined Benefit), 확정기여형(DC형: Defined Contribution), 개인형 퇴직연금인 IRP다. [그림2-3]에서 보았듯이 회사에 다닐 때는 DB형이나 DC형으로 퇴직연금을 적립한다. 그러다가 이직 또는 퇴사를 하면 퇴직금을 IRP에 적립하게 되고, 이를 만 55세 이후 연금으로 수령하게 된다.

퇴직연금의 특징을 살펴보면 DB형은 과거 퇴직금제도와

동일하다. 평균임금 30일분에 근속연수를 곱해서 재원을 정한다. 반면 DC형의 경우 매년 임금 총액의 12분의 1, 즉 한 달 평균임금이 근로자 계좌에 입금되고, 이를 근로자 개인이 직접 운용하게 된다. DB형은 운용 주체가 회사이고 DC형과 IRP는 운용 주체가 개인이다. 그럼 세 가지 퇴직연금제도를 좀 더 상세히 알아보자.

[표2-11] 퇴직연금의 종류

	DB형 (확정급여형)	DC형 (확정기여형)	IRP (개인형 퇴직연금)
정의	근로자가 퇴사할 때 받을 퇴직급여가 근무 기간과 평균임금에 의해 확정되는 제도	기업이 매년 근로자 연간 임금의 12분의 1을 부담금으로 납입하고, 근로자가 적립금의 운용 방법을 결정하는 제도	근로자가 퇴사하거나 이직할때 받은 퇴직금을 본인 명의의 퇴직계좌에 적립하여 연금 등 노후 자금으로 활용할 수 있게 하는 제도
재원	평균임금 30일분 × 근속연수 (퇴직금제도와 동일)	매년 임금 총액의 12분의 1 + 운용수익	퇴직급여 + 개인 납입금 + 운용수익
운용 주체	회사	개인	개인
추가 납입	불가능	가능	가능
중도 인출	불가능	제한적으로 가능 (요건 충족 시)	제한적으로 가능 (요건 충족 시)
ETF 직접투자	불가능	가능	가능

확정급여형(DB) 퇴직연금

DB형 퇴직연금은 퇴직급여를 확정한 제도인데 보통 퇴사 직전 3개월의 평균급여에 근속연수를 곱한 금액으로 책정한다. 근로자 입장에서 보면 과거 퇴직금과 같다. 회사 입장에서 보면 예전에는 퇴직금을 사내에 쌓아두어야 했는데, 일정 비율 이상을 사외 운용사에 적립해두어야 한다는 점이 과거와 다르다. 이것은 근로자가 퇴직금을 안전하게 받을 수 있도록 하기 위한 조치다.

DB형 퇴직연금의 경우, 회사는 퇴직급여 예상액 중 최소적립 비율만큼 매 사업연도 말에 퇴직연금사업자(금융회사)에 적립해야 한다. 최소적립 비율은 2012년 60퍼센트에서 2017년 80퍼센트로 상향되었으며 2021년 이후 100퍼센트가 되었다. 수치만으로는 DB형의 지급 보장 가능성이 높아서 좋아 보일 수 있지만, 현실은 조금 다르다.

DB형은 근로자의 퇴직금 확정

2020년 기준 DB형을 도입한 기업은 총 11만 1,114곳인데, 그중 54.8퍼센트에 해당하는 6만여 기업이 최소적립 비율을 지키지 않고 있다. 게다가 지키지 않는 기업의 숫자가 해마다 증가하고 있다. 그것은 최소적립 비율이 상향되어서이기도

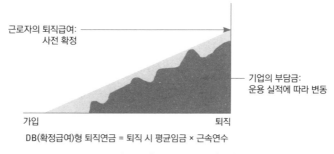

[그림2-4] 확정급여형(DB) 퇴직연금 개념도

근로자의 퇴직급여:
사전 확정

기업의 부담금:
운용 실적에 따라 변동

가입　　　　　　　　　　　　　　　퇴직
DB(확정급여)형 퇴직연금 = 퇴직 시 평균임금 × 근속연수

*자료: 고용노동부, NH투자증권 100세시대연구소

하고, 지키지 않아도 별다른 불이익이 없기 때문이기도 하다.

[그림2-4]는 DB형 퇴직연금의 개요다. 기업은 퇴직연금사업자에 운용을 맡기고, 적립 금액은 운용 실적에 따라 변동된다. 하지만 근로자의 퇴직급여는 그런 실적과 관계없이 확정돼 있다. 이처럼 운용 실적과 관계없이 근로자가 받는 급여가 확정되어 있다고 해서 확정급여형이다.

확정기여형(DC) 퇴직연금

DC형 퇴직연금은 회사가 지급할 부담금을 확정하여 매년 근로자에게 정기적으로 지급하는 제도다. 쉽게 말해서, DC형 퇴직연금은 1년 일하면 한 달 치 월급을 퇴직연금 계좌에 지

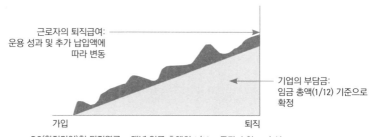

[그림2-5] 확정기여형(DC) 퇴직연금 개념도

근로자의 퇴직급여:
운용 성과 및 추가 납입액에
따라 변동

기업의 부담금:
임금 총액(1/12) 기준으로
확정

가입　　　　　　　　　　　　퇴직

DC(확정기여)형 퇴직연금 = 매년 임금 총액의 1/12 ± 투자 수익 or 손실

*자료: 고용노동부, NH투자증권 100세시대연구소

급하는 방식이다. 따라서 DC형은 DB형과 달리 최소적립 비율이 없고, 100퍼센트 지급된다.

DC형은 사용자의 부담금 확정

DC형은 계좌의 운용 주체가 근로자다. 즉, 펀드에 가입하거나 ETF에 투자하는 등 연금의 운용을 근로자가 직접 해야 한다. 운용을 잘하면 퇴사할 때 받는 퇴직연금의 금액이 커지고, 반대로 손실이 생기면 퇴직연금의 금액이 줄어들게 된다. 그 책임은 오롯이 근로자에게 있다. 회사 입장에서 보면 부담금(기여금)이 확정되어 있다고 해서 확정기여형이다.

[그림2-5]는 DC형 퇴직연금의 개념도를 나타낸 것이다. 기업의 부담금은 확정되어 있고 그것을 운용한 수익은 근로자

의 몫이 된다. 회사에서 퇴직연금에 가입되어 있는데 어떤 유형인지 모르겠다면 DB형이라고 보면 된다. DC형은 근로자가 직접 운용을 해야 하므로 모를 수가 없기 때문이다.

DB형과 DC형의 장단점

DB형과 DC형 퇴직연금의 장단점은 적립금 운용 주체에 의해 결정된다. DB형의 경우 운용 주체가 회사다. 근로자가 받는 금액은 정해져 있으므로, 운용에서 이익이 나든 손해가 나든 근로자는 확정된 금액을 받는다. 이것이 DB형의 장점이다.

하지만 이는 단점이기도 하다. 운용에서 수익이 발생하더라도 확정된 금액만 받기 때문이다. DB형은 퇴사 시점의 평균임금을 기준으로 하기 때문에 근로 기간에 따라 임금 상승이 큰 회사는 DB형을 선택하는 게 유리하다.

임금 상승률이 높지 않다면 DC형

DC형의 장점은 근로자가 직접 퇴직금을 운용한다는 것이다. 근로자가 운용을 잘하면 받을 수 있는 퇴직금이 커지게 된다. DC형의 단점도 운용 주체가 근로자라는 데 있다. 손실이 나면 그 결과를 근로자가 고스란히 떠안아야 하기 때문이다. 일반적으로 사람들은 원금 손실에 대한 두려움이 크다. 동일한 비율로 수익과 손실이 발생했다고 가정했을 때, 수익에 대한 기쁨보다 손실에 대한 슬픔이 2배 크다고 한다.

하지만 DB형이 원금 손실이 없다고 해서 좋은 것만은 아니다. [그림2-6]은 퇴직연금 유형별 적립 비율의 변화를 나타낸 것이다. 운용 주체가 회사인 DB형은 주로 안전한 투자를 선호하므로 수익률이 은행이자 정도로 낮다.

반면 근로자가 직접 운용하는 DC형의 경우 상대적으로 많은 관심을 가지고 운용을 하기 때문에 실적이 좋은 편이다. 이런 사실들이 알려지면서 최근 DC형을 같이 운용하는 회사가 늘어났고, 근로자들도 DC형으로 많이 옮겨가는 추세다.

[그림2-6] 퇴직연금 유형별 적립 비율 변화

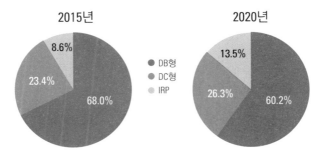

2015년 / 2020년

8.6% 23.4% 68.0%
● DB형 ● DC형 ● IRP
13.5% 26.3% 60.2%

*DC형에는 IRP 특례 포함
*자료: 퇴직연금통계(금융감독원/통계청), NH투자증권 100세시대연구소

개인형 퇴직연금(IRP)

　IRP는 근로자가 퇴사하거나 이직할 때 받은 퇴직금을 본인 명의의 퇴직 계좌에 모아두었다가 은퇴 후 노후 자금으로 사용할 수 있도록 만든 제도다.

　IRP 계좌의 개념을 쉽게 설명하기 위해 [그림2-7]로 나타내보았다. A회사, B회사, C회사를 다니고 난 뒤 퇴직금을 받게 되면 IRP 계좌에 모두 모아두었다가 은퇴 후 퇴직연금으로 활용할 수 있다는 게 핵심이다.

　한편 IRP는 퇴직금과는 별도로 연간 1,800만 원 한도 내에서 추가 납부가 가능하다. 아울러 연금저축과 합산하여 연간 900만 원까지 세액공제 혜택이 있다(2022년까지 700만 원). 정리하면, IRP 계좌는 퇴직금을 모아두는 장소와 더불어 개인

[그림2-7] IRP 계좌 개념도(퇴직금+추가 납입금)

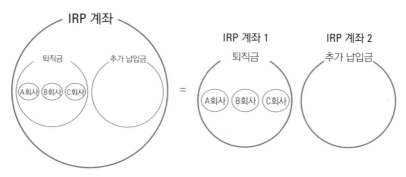

연금의 개념으로 추가 납입하는 용도, 이렇게 두 가지로 사용된다.

이 두 가지 용도를 동일 계좌로 해도 되지만, 별도 계좌로 하는 사람이 많다. IRP의 경우 부분 인출이 불가능해서, 인출하려면 계좌를 전액 해지해야 하기 때문이다. 살다 보면 여러 가지 일들이 생기게 마련인데, 계좌가 2개로 나뉘어 있다면 그중 하나만 해지해서 불이익이 적은 선택을 할 수가 있다.

IRP와 DC형 퇴직연금은 운용 측면에서 동일하게 취급된다. 다시 말해 투자 가능 상품이나 제약 사항 등의 조건들이 똑같이 적용된다. 참고로 IRP와 DC형 퇴직연금의 경우 연금저축에 비해 운용에 제한이 많은 편이다.

IRP 시장은 2017년에서 2021년까지 연평균 34퍼센트 성장했으며 지속적으로 증가하는 추세다(그림2-8 참조). 2022년 4월부터는 퇴직연금 미가입자도 IRP로 퇴직금을 받게 되었으므로 시장은 앞으로 더욱 커질 전망이다.

IRP가 실질적으로 도움이 되려면

다만 2018년 기준, IRP로 이전받은 퇴직급여의 해지율이 87퍼센트에 달한다는 것은 문제다. 87퍼센트 해지율은 계좌의 자금 유입과 유출로 계산한 것인데, 실제로 퇴직금을 받아서 IRP에 유지하고 있는 사람은 거의 없다. 내 주변만 그런지는 모르겠으나 해지율 100퍼센트다.

IRP 계좌로의 이전만 의무화하지 말고, 계좌를 좀 더 오래 유지할 수 있는 장치나 인센티브를 만들어 근로자의 노후에 실질적으로 도움이 되도록 제도가 개선되었으면 하는 바람이다. IRP 제도의 취지는 정말 좋으나 현실적으로 전혀 도움이 되지 않는다. 지금으로서는 과거의 퇴직금제도와 다를 바 없다.

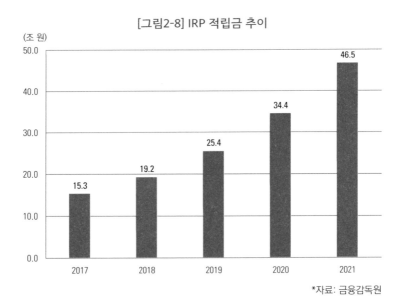

[그림2-8] IRP 적립금 추이

(조 원)

*자료: 금융감독원

DB형을 DC형으로 바꾸자

일부 회사에서는 DB형과 DC형 모두 가입이 가능하도록 해놓고 근로자에게 선택권을 주는 경우도 있다. 자신이 다니는 회사가 퇴직연금을 어떻게 운용하는지 한 번쯤 확인해보자.

DB형에서 DC형으로 전환하는 것과 관련해 내가 직장생활에서 경험한 두 가지 에피소드가 있다. 그때 이야기를 잠시 해볼까 한다.

[에피소드1] "내 퇴직금이 100퍼센트 적립돼 있지 않다는 건가요?!"

예전에 근무한 회사는 퇴직연금이 DB형이었다. 퇴직연금이 어떤 유형인지 몰랐으니 당연히 DB형이었다. 그러다 회사 사정이 어려워지기 시작했다. 날이 갈수록 사정은 악화되었고, 급기야 자본잠식을 걱정해야 하는 지경에 이르렀다.

직원들은 대책위를 구성하고 회의를 하기 위해 강당에 모였다. 회사 현황에 대한 열띤 토론을 이어가던 중 똑똑하고 어린 여직원이 손을 들고 질문했다. "그렇다면 지금 내 퇴직금이 100퍼센트 적립돼 있지 않다는 건가요?!"

직원들은 다들 서로를 쳐다보며 놀란 표정을 지었다. 너무 황당하면서도 너무 현실적인 질문이었기 때문이다. 당시 DB형의 최소적립 비율이 100퍼센트가 아니었기 때문에 회사는 직원들의 예상 퇴직금을 모두 적립해둘 필요가 없었고, 직원들은 그 사실을 몰랐으므로 모두 당황한 것이었다.

회사가 잘 굴러갈 때는 누구도 관심이 없는 부분이고 문제도 없다. 문제는 이렇게 회사가 힘들어질 때다. 그 일로 회사에서 한바탕 난리가 났고, 부랴부랴 DC형을 도입했다. 그리고 얼마 지나지 않아 회사는 파산했다. 채권 형태로 나중에 받았는지 알 수는 없으나 똑똑한 여직원 덕분에 많은 직원이 시간을 끌지 않고 퇴직금을 받을 수 있었다.

[에피소드2] "회사가 나에게 좋은 걸 해줄 리 없어!"

이직한 회사에서도 DB형 퇴직연금을 채택하고 있었다. 어느 날 무슨 이유에서인지 회사에서 DC형으로 전환하겠다고 했다. 다들 혼란스러워하는 와중에 동의 여부를 묻는 설문지가 돌았다. 전체 직원 300명 가운데 전환에 동의한 사람은 나와 옆 팀 직원, 단둘이었다. 옆 팀 직원은 퇴직금도 많지 않고 DC형은 직접 운용이 가능하다고 하니 재미있을 것 같아서 동의했다고 이유를 설명했다.

나는 다들 왜 DC형 전환에 동의하지 않았는지 무척 궁금했다. 그래서 여러 부서의 사람들을 직접 찾아가 물어보았다. 돌아온 대답은 모두 똑같았다. 이 회사가 나에게 좋은 걸 해줄 리 없다는 것이었다.

DB형과 DC형의 차이가 무엇인지, 그리고 그중 자신이 어떤 것을 선택해야 하는지, 그 짧은 시간에 이해하고 결정하는 것이 어쩌면 불가능했을지 모른다. 그러나 나는 직원들이 그토록 퇴직금에 무심하고, 그토록 회사를 불신한다는 사실에 두 번 놀랐다. 퇴직금만 잘 활용해도 노후의 삶이 달라질 수 있다는 걸 알았다면 그들이 좀 더 현명한 선택을 하지 않았을까 싶다.

승진과 연봉 상승률을 고려하자

그렇다면 DB형에서 DC형으로 언제 바꿔야 할까?

회사별, 개인별로 입장과 상황이 다르기 때문에 딱 잘라서 말하기는 어렵다. 따라서 여기서 제시하는 기준은 하나의 의견으로 참고하고, 각자가 처한 상황에 대해 좀 더 면밀하게 확인한 후 결정하기 바란다.

가장 기본적인 사항은 퇴직연금을 직접 운용할 때의 연환산 기대수익률이 7퍼센트 정도라는 것이다. 바꿔 말하면 매년 연봉이 7퍼센트 이상 상승하지 않을 경우 DC형이 유리하다. 그런데 알다시피 매년 연봉이 7퍼센트 이상 오르는 회사는 드물다. 일부 성장이 급격하게 진행되는 회사에서는 가능할지 모르겠으나 그것이 은퇴 시까지 20년 이상 유지되기는 어렵다.

그렇다면 무조건 DC형을 선택해서 직접 운용하는 것이 좋을까? 그렇지는 않다. 직장생활을 하다 보면 사원에서 대리로, 대리에서 과장으로, 과장에서 부장으로 승진하게 된다. 승진을 하게 되면 매년 오르는 기본 연봉 외에 직급 상승으로 인한 연봉 인상분이 추가된다.

따라서 자신이 다니고 있는 회사에서 승진하는 경우까지 포함해 전체 임금의 상승분을 고려해야 한다. 10년 뒤 과장으로 승진하고 연봉도 7퍼센트까지는 아니더라도 많이 오르는 편이라면 DB형을 유지하는 것이 좋다. 각자 회사의 10년, 20년 선배들의 연봉을 살펴보면 어느 정도 파악이 될 것이다.

부장 진급 후에 고민하라

직장인의 마지막 단계가 부장이다. 임원이 되면 예전에는 사용자(회사)로 간주하는 경우가 많았다. 회사를 운영하는 사람 중 1명이 되는 것이다. 앞서 살펴보았듯이 대기업 신입사원에서 임원이 될 확률은 1퍼센트가 채 되지 않는다. 그러니 99퍼센트의 확률로 부장이 마지막 단계라고 볼 수 있다.

부장 이후 더는 직급 상승이 어려우니 이때는 DC형 전환을 고민해봐야 한다. 같은 부장 직급에서 매년 7퍼센트의 연봉 상승을 기대하기는 어렵기 때문이다.

물론 여기에도 변수는 있다. 직원이 임원으로 승진한 경우 퇴직금을 정산하는 회사가 있고, 임원으로 은퇴할 때까지를 근무연수에 포함해 퇴직금을 정산하는 회사도 있다. 임원의 퇴직금은 별도 산출 기준을 적용하기도 한다. 이 부분은 회사 내규를 좀 더 면밀하게 살펴보고 선택하는 것이 도움이 될 것이다.

임금피크제라면 무조건 DC형으로

최근 임금피크제를 도입하는 회사가 늘고 있다. 정년이 연장되는 추세에 따른 것이다. 임금피크제란 말 그대로 임금이 정점(피크)을 찍고 내려온다는 뜻이다. 예를 들어 과거 55세가 정년인 회사에서 58세로 정년을 연장했다면 55세를 임금피크제의 기준으로 삼는 경우가 많다. 회사로서는 경험 있는 직원을 상대적으로 적은 급여로 지속 고용할 수 있고, 근로자는 급여가 조금 줄더라도 몇 년 더 직장생활을 할 수 있기 때문에 서로가 윈윈하는 제도가 임금피크제다.

문제는 58세에 퇴직금을 정산하면 임금이 피크인 55세에 은퇴할 때보다 손해를 보게 된다는 점이다. 그래서 임금피크제를 도입한 회사에서는 DB형과 DC형을 함께 운용하는 경우가 많다. 그리고 임금피크제에 돌입하기 전 DB형에서 DC형으로 전환하도록 한다.

임금피크제를 실시하고 있는 회사에서는 대상자들에게 미리 공지를 할 것이다. 그 시점에 맞추어서 DB형을 DC형으로 전환하면 된다.

퇴직연금도 직접 운용하는 시대

앞서 보았듯이 퇴직연금 중 DB형의 비율은 줄어들고 있고 DC형의 비율은 늘어나고 있다(그림2-6 참조). [표2-6]에서 살펴보았던 연금저축의 수익률 현황을 보면 그 이유를 알 수 있다. 운용을 맡기는 보험과 신탁은 수익률이 연간 2퍼센트도 되지 않는 반면, 개인이 직접 운용하는 펀드는 2020년 수익률이 17퍼센트를 상회한다.

물론 이런 수치는 2020년의 증시 호황이 많이 반영된 것도 있다. 그러나 이 정도까지는 아니더라도 글로벌 주식시장, 특히 미국 시장의 평균을 따라간다면 연간 7퍼센트 수익은 충분히 거둘 수 있다. 수익률이 연간 2퍼센트도 되지 않고 운용 수수료까지 가져가는 방식과, 연간 7퍼센트로 직접 운용하는 방식 중에서 선택의 여지는 없다.

퇴직연금의 경우 예전에는 연금 가입자만 IRP 계좌를 통해서 퇴직금을 지급받았으나 2022년 4월 14일 이후에는 연금 가입자가 아니더라도 무조건 IRP 계좌로 퇴직금을 받아야 한다. IRP는 연말정산용으로 추가 납입하는 계좌 가입도 가능하다. DB형 가입자 중에서 연금저축과 IRP 계좌를 만들어서 연말정산 혜택도 받고 운용수익도 얻는 사람이 점점 늘고 있다.

이런 추세로 봤을 때 앞으로 퇴직연금 시장이 커질 것을 예상할 수 있다. 이것은 좋은 방향이다. 시장이 커지면 상품도 다양하게 출시되어 선택의 폭도 커지기 때문이다. 은행이자에 만족하지 말고 자산시장의 성장에 맞추어서 나의 연금도 같이 성장해야 한다.

바야흐로 퇴직연금도 직접 운용하는 시대가 점점 더 열리고 있다. 관심을 가지고 공부를 해서 나의 계좌 잔고를 늘려나가자.

퇴직연금 디폴트옵션제도

2022년 7월 우리나라 DC형 퇴직연금에도 디폴트옵션제도가 도입되었다. 디폴트옵션이란 퇴직연금에 가입한 근로자가 특별히 운용 지시를 하지 않아도 미리 정해놓은 상품에 자동으로 투자되는 제도다. 디폴트옵션제도를 '사전지정운용제도'라고도 한다.

디폴트옵션제도를 도입한 것은 국내 퇴직연금의 낮은 수익률 때문이다. 앞서 [그림1-14]에서 확인했듯이 우리나라 퇴직연금의 수익률은 다른 나라에 비해 턱없이 낮은 수준이다. 그것은 원금이 보장되지 않는 자산에 투자하는 것을 극도로 꺼리는 우리나라 사람들의 특성 때문이다. 그러나 수익을 얻기 위해서는 일부 위험자산에 투자해야 한다.

다만 국내에 디폴트옵션을 도입하면서 안내하는 광고를 보면, 디폴트옵션 자체를 도입하지 않아서 수익률이 낮다는 식으로 설명한다. 그러나 중요한 것은 디폴트옵션을 도입하느냐 마느냐가 아니다. 여기서 핵심은 사전에 근로자가 상품을 지정한다는 것에 있다.

원리금 보장형만 선택할 가능성

상품을 사전에 지정하는 것에는 두 가지 문제점이 있다. 첫째, 내 입맛에 맞는 상품이 없을 가능성이다. 운용을 맡긴 기관의 상품 중에서 골라야 하는데, 그중 내가 원하는 상품이 없을 수 있다.

둘째, 기존 펀드와의 차별성이다. 지금도 많은 근로자가 원리금 보장형에 가입되어 있듯, 상품을 미리 정한다고 해도 원리금 보장형을 선택할 가능성이 매우 높다. 따라서 운용상에서 수익을 더 얻는 것은 쉽지 않아 보이며, 결과적으로 사전 지정한다는 것 외에 기존 펀드 투자와 크게 다를 바가 없어 보인다.

또한 디폴트옵션의 운용 상품은 기존의 타깃데이트펀드(TDF)가 중심이 될 가능성이 높다. TDF는 생애주기별로 자산 비중을 자동으로 조절해주는 펀드다. 조금 심하게 얘기하자면, 디폴트옵션을 도입하면 가입자의 수익률이 늘어나는 것

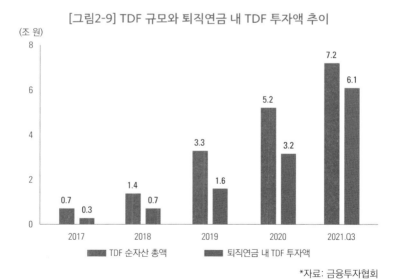

[그림2-9] TDF 규모와 퇴직연금 내 TDF 투자액 추이

(조 원)

■ TDF 순자산 총액   ■ 퇴직연금 내 TDF 투자액

*자료: 금융투자협회

이 아니라 운용기관의 TDF 상품 시장만 커지는 결과를 초래할 가능성이 높다.

[그림2-9]는 퇴직연금에서 TDF에 투자된 금액을 나타내고 있다. TDF 시장에서 퇴직연금이 차지하는 비중이 큰 것을 알 수 있다. 앞으로 이런 흐름은 더욱 가속화될 것으로 예상된다. 좋게 생각한다면 원리금 보장형으로 은행이자의 수익을 거두는 것보다는 그래도 TDF 상품에 가입하는 것이 연금 수익률 측면에서는 도움이 될 것이다.

아직 디폴트옵션제도가 시행된 지 얼마 되지 않았으므로, 실제 연금 계좌에 도움이 되는지 확인하기까지는 시간이 필요할 듯하다. 다만 앞서도 언급했듯이 사전에 투자 상품을 지정하는 것에는 큰 의미가 없다. 중요한 것은 포트폴리오를 어떻게 구성하고 목표수익률을 얼마로 설정하는지 여부다.

ISA(Individual Savings Account)란 개인종합자산관리계좌를 가리키는 약자다. ISA는 정부가 국민에게 자산 형성의 기회를 제공하고 노후 대비 자금 마련을 돕기 위해 시행하고 있는 제도다. 하나의 계좌에 예금, 펀드(ETF, 리츠 포함), 주가연계증권(ELS) 등 다양한 금융 상품을 담을 수 있으며, 여기서 발생한 금융소득(이자소득, 배당소득)에 대해서는 비과세 혜택까지 주어 만능 통장이라고도 불린다.

기존의 신탁형, 일임형과 달리 중개형ISA는 주식에 직접투자가 가능한데, 중개형ISA의 장점은 순이익에 대해서만 과세한다는 것과, 그것도 200만 원까지 비과세 후 초과 금액에 대해 9.9퍼센트의 분리과세를 한다는 점이다. 세금 측면에서 많은 혜택을 주는 것이다. 이와 달리 일반 계좌에서는 예금 계좌에서 이자소득세 15.4퍼센트, 펀드(ETF) 계좌에서 배당소득세 15.4퍼센트를 각각 과세한다.

▶ 55세에 가깝다면 ISA 고려

연금 투자자에게 ISA가 중요한 이유는 만기 자금을 연금 계좌(연금저축 또는 IRP)로 이전할 수 있다는 것이다. 연금저축과 IRP는 합산해 연간 1,800만 원의 납입 한도가 있다. 그러나 ISA 만기 자금을 이체할 경우 납입 한도가 그만큼 늘어나게 된다.

또한 두 가지 절세 효과를 누릴 수 있다. 첫 번째는 세액공제다. 연금 계좌로 이체한 금액 중 10퍼센트, 최대 300만 원까지 세액공제를 받을 수 있다. 두 번째는 낮은 세율이다. ISA는 손익 통산 후 200만 원까지 비과세, 초과 금액에 대해서 9.9퍼센트의 분리과세를 한다. 그러나 연금 계좌로 이체하면 연금 수령 시 ISA 계좌보다 더 낮은 3.3~5.5퍼센트의 연금소득세가 부과된다. 따라서 자금 여력은 일부 있으나 연금저축의 연금 개시 나이인 55세에 가깝다면 연금저축 연간 납입 한도인 1,800만 원 외에 ISA도 적극적으로 활용해볼 만하다.

한편 국내 상장 주식의 매매차익에 대한 양도세가 금융투자소득세로 변경될 움직임이 있다. 이때 ISA 계좌에서는 국내 주식 또는 국내 주식형펀드에 대해 수익금 전액을 비과세한다(일반 계좌는 5,000만 원까지 비과세). 이렇게 되면 ISA 계좌의 인기는 더욱 커질 것으로 예상된다.

[표2-12] ISA 계좌 개요

가입 자격	19세 이상(근로소득자는 15세 이상)의 거주자 ＊전 금융기관 1인 1계좌
세제 혜택	• 계좌에서 발생한 운용손익 통산 후 200만 원까지 비과세, 초과 금액은 9.9% 분리과세 • 총급여 5,000만 원(종합소득금액 3,800만 원) 이하인 사람과 농어민은 소득 400만 원까지 비과세 • 금융투자소득세 도입 시 수익금 전액 비과세(일반 계좌는 5,000만 원까지 비과세)
의무 가입 기간	3년
유형	• 일임형ISA: 금융사의 모델 포트폴리오 중 하나를 선택하면 금융사가 모두 운용하는 방식 • 신탁형ISA: 투자자가 상품을 직접 선택하여 신탁업자에게 운용을 지시하는 방식 • 중개형ISA: 투자자 스스로 상품을 선택하고 매매하는 방식
납입 한도	• 연 2,000만 원(누적 최대 5년간 1억 원) • 미불입 한도 다음 해 이월 가능(당해 1,000만 원 납입 시 다음 해 3,000만 원 납입 가능) • 기존 재형저축 및 소장 펀드 납입 한도 합산

6장

직장인도 공무원만큼
연금 받는 법

직장인은 국민연금에 연봉의 9퍼센트를 납부하는 데 반해, 공무원은 연금에 연봉의 18퍼센트를 납부하기 때문에 노후에 수령하는 연금액의 차이가 크다는 사실을 앞에서 보았다. 이번 장은 여기에 더해 기준소득월액 또한 두 연금액의 큰 차이를 만든다는 점을 확인하고 그 차이를 메우는 방법을 소개한다. 연봉 6,667만 원을 초과하는 직장인들은 9%에 미달하는 금액에 연봉의 9%에 해당하는 금액을 더해 연금저축펀드에 가입하면 공무원연금만큼 받게 된다. 그 구체적인 방법과 연금저축을 둘러싼 여러 오해들을 짚어본다.

연봉의 9퍼센트를 연금에 투자하라

이 책에서 강조하고자 하는 핵심 내용을 한마디로 정리하자면 연봉의 9퍼센트를 연금저축에 납입해서 노후에 공무원연금만큼 받자는 것이다. 앞서 살펴보았듯 국민연금은 연봉의 9퍼센트를 납부하는 데 반해, 공무원연금은 연봉의 18퍼센트를 납부하기 때문에 노후에 수령하는 연금액의 차이가 크다. 따라서 그 차이인 9퍼센트를 연금저축에 납입하면 직장인 누구든지 공무원연금만큼 또는 그 이상을 받을 수 있다.

하지만 여기에는 복병이 하나 숨어 있는데, 바로 기준소득월액이다. 기준소득월액이란 연금보험료를 산정하기 위해 대통령령으로 정한 금액이다. 쉽게 말해서 국민연금보험료를 산정하기 위한 기준이 되는 금액을 기준소득월액이라 하며,

직장인에게는 연봉을 한 달로 환산한 월급에 해당한다.

[Tip] 국민연금 기준소득월액 산정 방법

소득월액 = 1년간 소득 금액 / 365 × 30

(단, 비과세소득 제외)

핵심은 기준소득월액의 차이

기준소득월액을 복병이라고 한 이유는 상한액과 하한액이 있기 때문이다. 우리는 그중 상한액에 관심을 가져야 한다. 기준소득월액 상한액은 물가 수준을 반영해서 매년 상승한다. 예를 들어 2022년 국민연금 기준소득월액 상한액은 553만 원이다. 연봉으로 계산하면 6,636만 원이 된다. 즉 6,636만 원을 넘어서면 연봉의 9퍼센트를 국민연금으로 납부하는 게 아니라 국민연금보험료 상한액인 월 49만 7,700원(근로자 248,850원, 회사 248,850원)을 납부하게 된다. 이렇게 되면 연봉에서 9퍼센트가 온전히 납부되지 않아서 공무원연금과 차이가 발생하게 된다(연봉의 9퍼센트를 개인연금으로 납부한다고 가정).

그렇다면 공무원은 어떨까? 공무원연금에도 기준소득월액이 있다. 2022년 기준 공무원연금의 기준소득월액 상한액은 856만 원이다. 이를 연봉으로 환산하면 1억 원이다. 즉 1억 원까지는 연봉의 18퍼센트를 납부한다는 뜻이다. 국민연금의 6,636만 원과는 너무 큰 차이다.

2023년 기준 연금저축펀드는 연간 600만 원까지 세액공제를 해준다. 이 금액을 연간 9퍼센트로 환산해보면 연봉 6,667만 원이 된다. 즉 연봉 6,667만 원 이하이면 연봉의 9퍼센트를 개인연금에 납부한다고 해도 연간 600만 원이 되지 않는다. 그렇다면 이때 연간 600만 원 공제 한도를 채울 것인지, 아니면 연봉의 9퍼센트에 맞춰서 공제 한도를 채우지 않을 것인지 고민이 필요하다. 나는 연간 600만 원을 채우라고 권하고 싶다. 채우는 만큼 노후가 풍요로워지기 때문이다.

연봉 6,667만 원 이하

연봉이 6,667만 원 이하라면 연봉의 9퍼센트를 연금저축에 납부할 경우 연간 600만 원을 넘지 않는다. 다만 6,636~6,667만 원 구간에서는 국민연금 기준소득월액 상한액 때문에 연봉의 9퍼센트에서 약간 모자란다. 그러나 2023년에 기준소득월액이 높아지면 바로 해결될 문제이니 고려하지 않아도 된다.

연봉의 9%가 600만 원이 되지 않는 사람은 연금저축펀드에 추가 납입해서 연간 600만 원을 채우기를 권한다.

아울러 2023년 기준 900만 원까지는 IRP 계좌와 합산해서 소득공제를 해주니, 연금저축펀드에 600만 원을 납입하고 추가 300만 원까지는 IRP에 납입하는 것도 방법이다. 이것은 소득공제 혜택을 극대화할 수 있는 좋은 방법이다.

연봉 6,667만 원 초과

연봉 6,667만 원을 넘어서면 국민연금에 연봉 9퍼센트가 적립되지 않기 때문에 그 차액만큼 추가로 연금저축에 납입할지, 아니면 국민연금은 상한액으로 놔두고 개인연금만 연봉의 9퍼센트를 납부할지 고민해야 한다.

사실 이것은 고민할 필요가 없다. 공무원연금은 연봉 1억 원까지 18퍼센트를 꼬박꼬박 열심히 낸다. 직장인도 공무원연금만큼 받고 싶다면 연봉 1억 원이 될 때까지 연봉의 18퍼센트에 맞추어서 추가로 더 납부해야 한다. 연금저축(펀드)은 연간 600만 원까지만 소득공제를 해주기 때문에 더 납부해도 공제는 커지지 않는다. 대신 소득공제를 받지 않은 금액에 대해서는 나중에 세금 없이 찾아 쓸 수 있다는 장점이 있다 (p.138 '연금 수령에도 순서가 있다' 참조).

그럼 얼마나 더 납부해야 하는지 확인해보자. [표2-13]은 연봉 6,636만 원 이상 근로자가 연봉의 18퍼센트를 국민연금과 개인연금에 납부하기 위해 매월 납부해야 하는 금액을 산출한 것이다. 6,636만 원 연봉을 받는 직장인을 예로 들어보자. 연봉의 9퍼센트는 국민연금으로 월급에서 자동으로 빠져나간

[표2-13] 연봉 6,636만 원 이상 개인연금 추가 납부액(단위: 만 원)

연봉	연봉의 18%(월)	국민연금 납부액 (개인+회사)	개인연금 납부액	월 추가 납입
6,636	99.5	49.8	49.8	0.0
7,000	105.0	49.8	55.2	5.4
8,000	120.0	49.8	70.2	20.4
9,000	135.0	49.8	85.2	35.4
10,000	150.0	49.8	100.2	50.4
13,318	199.8	49.8	150.0	100.2

*연봉의 9% 기준

다. 공무원과 같은 18퍼센트의 납입금을 맞추기 위해서는 연봉의 9퍼센트인 49만 8,000원을 개인연금에 납입하면 된다.

연봉이 7,000만 원인 직장인은 국민연금 기준소득월액 상한액에 걸리게 된다. 그러면 국민연금 납부액이 연봉의 9퍼센트인 52만 5,000원이 아니라 49만 8,000원이 된다. 따라서 그 차액인 2만 7,000원을 연봉의 9퍼센트인 52만 5,000원에 더해서 개인연금에 55만 2,000원을 납부하면 된다.

이처럼 자신의 연봉에 맞추어서 개인연금 납부 금액을 조금씩 올려가면 된다. 연봉이 1억 3,000만 원을 넘어가면 총납부 월액이 150만 원이 된다. 연금저축의 연간 납부 한도액은 1,800만 원이다. 그러므로 이 금액까지 납부하면 된다. 부지

[표2-14] 연봉별 납부 금액 고려 사항

연봉	내용	추천
6,667만 원 이하	연봉의 9%가 연금저축 세액공제 한도 금액 600만 원이 안 됨.	연간 600만 원을 채우세요.
6,667만 원 초과	연봉의 9%가 국민연금보험료 상한액을 넘어감.	연금저축에 국민연금 부족분을 채워 넣으세요.

런히 납부하자. 연봉별로 고민 포인트를 다시 한번 정리하면 [표2-14]와 같다.

기준소득월액 상한액은 물가 수준을 반영해서 지속적으로 증가하는 것을 보았다. 이와 무관하게 우리는 연봉의 총 18퍼센트를 국민연금과 개인연금에 납부하면 된다. 기준소득월액 기준이 바뀌면 바뀌는 대로, 안 바뀌면 안 바뀌는 대로 그에 맞추어서 납부하자.

연금저축은 세액공제 상품이 아니다(?)

제목이 조금 과하다는 생각이 든다. 연금저축(펀드)과 IRP는 세액공제 상품이 맞다. 그런데 왜 이런 제목을 적었을까?

흔히 직장인들에게 연금저축 또는 IRP 가입을 권하면서 소득공제가 된다는 점을 강조한다. 물론 연금저축이나 IRP의 세제 혜택은 굉장히 큰 장점이다. 하지만 그것이 핵심은 아니다. 중요한 것은 연금을 꾸준히 유지하고 운용함으로써 노후를 든든하게 하는 것이다.

[표2-15]를 보자. 연금저축 연간 600만 원에 대해서 세액공제(12~15%, 지방소득세 포함 13.2~16.5%)를 받으면 연간 80만 원 정도의 혜택을 받게 된다(2023년 이후).

80만 원을 12개월로 나누면 월 6만 원 정도다. 요즘 치킨 가격이 2만 원이므로 6만 원은 한 달에 치킨을 세 번 먹으면 없어지는 돈이다. 게다가 세액공제받은 80만 원이 내 통장에 들어오는 것도 아니다. 연말정산을 하면 인적공제, 보험료공제, 카드공제 등 각종 공제를 전부 계산해서 세금을 내게 된다.

[표2-15] 종합소득금액별 연금저축(+퇴직연금) 세액공제 한도

2022년까지 적용

총급여액 (종합소득금액)	세액공제 대상 납입 한도 (연금저축 납입 한도)		세액 공제율
	50세 미만	50세 이상	
5,500만 원 이하 (4,000만 원 이하)	700만 원 (400만 원)	900만 원 (600만 원)	15%
1억 2,000만 원 이하 (1억 원 이하)			12%
1억 2,000만 원 초과 (1억 원 초과)	700만 원(300만 원)		

2023년부터 적용

총급여액 (종합소득금액)	세액공제 대상 납입 한도 (연금저축 납입 한도)	세액 공제율
5,500만 원 이하 (4,500만 원 이하)	900만 원 (600만 원)	15%
5,500만 원 초과 (4,500만 원 초과)		12%

여기에 80만 원이 섞이기 때문에 혜택을 체감하기가 어렵다. 분명 세액공제를 받았지만, 받았는지 안 받았는지 알 수가 없는 것이다. 그러다 보니 세액공제가 큰 장점으로 인식되지 않아서 연금저축을 해지하는 사람이 많다.

연금저축이 정부에서 세액공제 혜택을 주고, 가입해서 유지하면 노후에 든든한 역할을 해준다는 것은 명백한 사실이다. 하지만 세액공제라는 단어 자체에만 갇혀서 오히려 그 중요성을 놓치는 게 아닌가 싶다.

나는 연금저축만 하라고 강조하고 싶지는 않다. 노후의 안전장치로서 기본적으로 이것만은 해야 한다고 말하고 싶은 것이다. 종잣돈을 모아서 별도로 투자를 하되, 연금저축만은 꼭 유지할 것을 권한다. 연금저축은 노후 준비를 위한 상품이다. 세액공제 상품이지만, 세액공제만을 위한 상품은 아니다.

연금 수령에도 순서가 있다

연금은 자금의 원천에 따라서 인출되는 순서가 정해져 있다. 돈에 꼬리표가 달려 있는 것이다. [그림2-10]은 IRP 계좌의 연금 인출 순서를 나타낸다. 여기서 퇴직급여를 제외하면 연금저축펀드의 인출 순서가 된다.

그림에서 보듯 가장 먼저 세액공제받지 않은 돈이 인출된

[그림2-10] IRP 계좌 자금 인출 순서

세액공제받지 않은 본인 부담금 → 퇴직급여 →
세액공제받은 본인 부담금 및 운용수익

다. 인출해도 세금을 내지 않는 돈이다. 다음으로 연금소득세를 내는 퇴직급여가 인출된다. 마지막으로 세액공제를 받은 자금과 운용하여 생긴 수익이 인출된다.

자금의 원천에 따라서 세금도 다르게 적용된다. [그림2-11]은 각각 IRP 계좌와 연금저축 계좌에서 연금을 수령할 때의 과세 절차를 나타낸 것이다. IRP는 앞서 살펴보았듯이 연금저축 계좌처럼 개인적으로 납입하는 용도로도 쓰이지만, 기본적으로 퇴직금을 수령하는 계좌이기 때문에 ② 퇴직금도 자금 원천에 포함된다.

퇴직소득세와 연금소득세

퇴직금을 일시금(현금 수령)으로 수령할 때는 퇴직소득세를 납부해야 한다. 그러나 퇴직연금 계좌로 이전해 연금으로 받게 되면 연금소득세를 납부하게 된다. 연금소득세는 연금 개시 후 연차에 따라서 퇴직소득세율의 60~70퍼센트만 부과된다. 일시금으로 받지 말고 연금으로 길게 받아서 노후에 대비하라는 정부의 의도가 엿보인다.

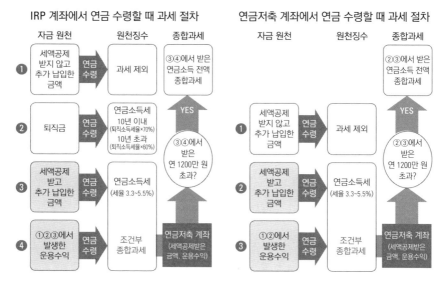

[그림2-11] IRP·연금저축 계좌에서 연금 수령 시 과세 절차

*자료: 미래에셋투자와연금센터

세액공제받지 않고 추가 납입한 금액은 어떤 것일까? 연금
저축은 600만 원(2022년까지 400만 원)까지 연말정산 시 세액
공제를 받는다. 만약 여기에 추가로 300만 원을 넣었다면 이
300만 원이 세액공제받지 않고 추가 납입한 금액이 된다. 이
금액은 언제든지 찾아 쓸 수 있고, 연금으로 수령할 때도 비
과세다. 단, 추가 납입한 원금은 비과세지만, 여기서 발생한
운용수익은 과세가 된다.

한편 [그림2-11]에서 IRP 계좌의 ③과 ④를 합산한 금액, 연

직장인이지만
공무원연금 받기로 했습니다

금저축 계좌의 ②와 ③을 합산한 금액이 연간 1,200만 원을 넘으면 종합과세 대상이 된다. 이때 주의할 것은 1,200만 원을 넘어서는 금액이 아니라 전체 금액이 과세 대상이 된다는 점이다. 즉 연간 1,300만 원을 연금으로 받으면 100만 원이 아닌 1,300만 원 전체가 종합과세 대상이 된다.

다만 앞서 얘기했듯이 가장 먼저 인출되는 것은 세액공제 받지 않은 원금이다. 이 돈은 세금이 없으며, 1,200만 원을 넘게 수령하더라도 당연히 종합과세 대상도 아니다. 그러므로 세액공제받지 않은 금액이 많이 쌓여 있다면 연금을 받는 초반에는 연간 1,200만 원을 크게 신경 쓰지 않아도 된다.

연금 수령 한도를 지키자

앞서 말했듯이 연금저축과 IRP에서 연간 1,200만 원 이상 연금을 수령하면 종합소득세를 납부하게 된다. 연간 1,200만 원까지는 3.3~5.5퍼센트의 비교적 세율이 낮은 연금소득세만 내면 된다. 연금소득세율은 나이가 많을수록 낮아진다(표 2-16 참조).

따라서 1차적으로는 종합소득세를 내지 않는 연간 1,200만 원, 즉 월 100만 원 수령을 목표로 할 수 있다. 그렇다면 만 55세 직장인이 연금을 수령하려고 하는데 계좌에 5,000만 원이 있

[표2-16] 연금 개시 연령에 따른 연금소득세율

연금 수령 개시 연령	확정형(수령 기간)			종신형		
	1,200만 원 이내		1,200만 원 이상	1,200만 원 이내		1,200만 원 이상
	한도 내 금액	한도 초과액		한도 내 금액	한도 초과액	
만 70세 미만	5.5%	16.5%	종합과세	4.4%	16.5%	종합과세
만 70세~ 80세 미만	4.4%					
만 80세 이상	3.3%			3.3%		

다고 가정해보자.

연간 1,200만 원까지는 연금소득세만 내면 되니 첫해에 1,200만 원을 받을 수 있을까? 당연한 질문인 듯 보이지만 그럴 수 없다. 왜 그럴까? 연금 수령 한도라는 제약 조건 때문이다.

연금 수령 한도의 계산식을 살펴보자.

$$\frac{\text{연금 계좌의 평가액}}{11 - \text{연금 수령 연차}} \times \left(\frac{120}{100}\right)$$

계산식에서 연금 계좌의 평가액은 계좌에 들어 있는 금액을 말한다. 연금 수령 연차는 연금 수령 요건(납입 후 5년 경과, 만

55세 경과)을 모두 충족해 연금을 수령할 수 있는 날이 속하는 연도가 1이다. '1+만 나이-55'로 계산하며, 만 55세의 연금 수령 연차는 1이다. 연차가 10 이상인 경우에는 수령액 전체를 연금 수령 한도로 본다.

[표2-17] 에서 앞서 사례로 든 만 55세 직장인이 5,000만 원의 연금 계좌에서 연금을 수령하고자 할 때 첫해에 수령할 수 있는 한도액을 계산해보았다. 한도액은 600만 원으로 산출되었다. 즉 첫해에 600만 원을 초과해서 연금을 수령하면 초과액에 대해 16.5퍼센트의 세금을 내야 한다.

이 점을 유의해야 한다. 무조건 1,200만 원까지 낮은 세율의 연금소득세가 적용되는 것이 아니다. 연금 수령 한도 계산식을 다시 살펴보자. 분모가 '11 - 연금 수령 연차'로 되어 있다. 즉 10년 이상 수령해야 고율의 세금을 물지 않고 연금을 마음대로 찾아 쓸 수 있게 된다.

[표2-17] 연금 수령 한도 예시

항목	내용
연금 계좌 평가액	5,000만 원
나이(만)	55세
연금 수령 연차	1=1+55(나이)-55
연금 수령 한도	**600만 원**[5,000/(11-1)×(120/100)]

1억 원만 모아두자

그렇다면 앞에 든 예시에서 첫해부터 연간 1,200만 원을 연금소득세만 내고 수령하려면 계좌에 얼마가 있어야 할까? 수식으로 계산해도 되지만, 앞서 계산한 연금 수령 한도액이 연간 600만 원이었으므로, 1,200만 원이 되려면 5,000만 원의 2배인 1억 원이 있으면 된다.

즉 계좌 평가액 1억 원 이하에서는 연간 1,200만 원(월 100만 원)의 연금을 수령하면 추가 세금을 내게 된다. 열심히 모아서 1억 원을 넘기고 연금 수령 한도액까지 찾아서 쓰자.

그런데 여기서 잠깐 눈여겨볼 부분이 있다. 계좌에 1억 원이 없으면 연간 1,200만 원을 찾아 쓰지 못하고, 1억 원이 넘으면 찾아 쓸 수가 있다. 못 찾아 쓰는 건 아니지만, 세금으로 제약을 두고 있다. 이는 곧 계좌에 돈이 적을수록 많이 찾아 쓸 수가 없다는 뜻이다.

금액이 적을수록 빠른 시간에 소진하지 말고 어떻게든 길게 수령하라는 정부 당국의 의지가 반영된 게 아닌가 싶다. 의도는 충분히 이해가 되지만 실제 연금이 필요한 사람은 계좌에 돈이 많지 않은 사람이 아닐까? 어쨌거나 이 부분은 참고만 하고, 우리는 부지런히 연금 계좌를 불려나가자.

연금에 관한 오해들

연금저축을 권유하면 가입을 꺼리는 사람들이 있다. 이유를 들어보면 연금에 관해 많은 오해를 하고 있음을 발견하게 된다. 아마 돌아다니는 이야기들을 팩트 체크 없이 그냥 믿은 것이 아닌가 싶다.

연금에 관한 오해는 크게 세 가지다. 첫째, 중도 해지하면 연금은 오히려 손해다. 둘째, 연금 수령액이 연간 1,200만 원을 넘으면 종합과세가 되므로 세금 폭탄을 맞는다. 셋째, 연금을 받으면 건강보험료가 높아진다.

그럼 이 세 가지 내용이 맞는지 하나씩 살펴보자.

연금저축을 중도 해지하면 손해?

주위 사람들에게 연금 투자를 권했을 때 가장 우려하는 점이 중도 해지할 경우 손해가 심하다는 것이다. 연금을 받기까지 긴 시간이 필요하다는 점을 염두에 둔 이야기다. 즉, 연금을 받기까지 오랜 세월이 남아서 남의 일처럼 들리기도 하고, 길게 투자해야 하는데 돈이 필요한 경우가 생기면 해지할 수 있으니 가입이 꺼려진다는 것이다. 과연 그런지 간단한 산수로 살펴보자.

[표2-18]은 연봉별 연금저축 소득공제율과 해지 시 세율을

[표2-18] 연금저축 해지 시 손해 여부

총급여액 (종합소득금액)	소득공제율 (%)	해지 시 세율 (%)	손해 (%)
5,500만 원 이하(4,000만 원 이하)	16.5	16.5	0.0
5,500만 원 초과~1억 2,000만 원 이하(4,000만 원 초과~1억 원 이하)	13.2	16.5	-3.3
1억 2,000만 원 초과(1억 원 초과)	13.2	16.5	-3.3

나타낸 것이다. 먼저 연봉이 5,500만 원 이하인 경우를 보자. 연봉 5,500만 원 이하면 16.5퍼센트의 소득공제를 받으며, 해지 시 반납도 16.5퍼센트다. 아무것도 손해 볼 게 없다. 따라서 사회 초년생을 비롯해 연봉 5,500만 원 이하인 직장인은 무조건 연금저축에 가입하는 게 좋다.

연봉이 5,500만 원을 넘으면 연말정산 혜택은 13.2퍼센트인데 반해, 해지 시에는 16.5퍼센트를 반납해야 한다. 즉 3.3퍼센트포인트 손해를 본다. 그렇다면 연봉이 5,500만 원보다 많은 사람은 중도에 해지하면 안 되는 걸까? 그보다는 연금을 운용하면서 3.3퍼센트 이상의 수익률을 거두면 되지 않을까? 이때 원금뿐만 아니라 운용수익에 대해서도 16.5퍼센트를 반납해야 하므로 조금 복잡하게 계산해서 3.95퍼센트의 수익을 거두면 된다. 즉, 4퍼센트 수익만 거두어도 중도 해지 시 손해 볼 것이 없다.

이 책에서 소개하는 자산 배분 전략은 대체로 7~9퍼센트의 연간 수익률을 기대한다. 즉 4퍼센트 이상의 기대수익률을 가지므로 몇 년만 투자해도 해지 시 손해 볼 가능성은 급격히 떨어진다.

중도 해지 시 손해가 크다는 인식은 연금저축보험에서 기인한 바가 크다. 연금저축보험은 운용수익이 2퍼센트대로 낮은 데다 사업비 차감으로 인해 원금이 되는 데만도 오랜 시간이 걸리기 때문에 그전에 해지하면 손해를 보는 것이 사실이다. 그러나 연금저축펀드의 경우, 운용을 잘하면 높은 수익도 거둘 수 있기 때문에, 중도 해지를 한다 해도 큰 영향이 없다.

연금저축을 해지하면 손해라는 막연한 이야기에 두려워하지 말자. 간단한 산수로도 위험성이 굉장히 낮음을 확인할 수 있다. 연금저축펀드에 가입했다가 해지하는 것이 위험한 일이 아니라, 연금저축펀드에 가입하지 않아서 노후 대비가 안 되는 것이 훨씬 더 위험한 일이다.

연간 1,200만 원을 넘으면 세금 폭탄?

연금 수령 시 연간 1,200만 원 한도를 넘어서면 종합과세 대상이 된다고 설명했다. 초과하는 금액뿐만 아니라 전체 금액이 과세 대상이 되는 점도 주의해야 할 사항이라고 했다. 이 부분을 조금 다른 시각으로 바라보자.

자, 질문 한 가지를 던지겠다. 100만 원을 받아서 5퍼센트의 세금을 내고 싶은가, 200만 원을 받아서 10퍼센트의 세금을 내고 싶은가? 이때 100만 원을 받고 싶다고 하는 사람이 있을지 모르겠다.

하고 싶은 이야기는 이것이다. 주변의 이야기를 들어보면 연간 1,200만 원이라는 한도를 뭔가 절대로 건드려서는 안 되는 영역인 것처럼 여기는 경우가 많다. 그러나 나는 연금저축을 소득공제용 상품으로만 한정하는 것과, 연간 1,200만 원 한도를 어기면 마치 큰일 나는 것처럼 말하는 것을 이해하기 힘들다. 연금저축은 연금을 받기 위한 상품이며, 당연히 1,200만 원보다 많이 받을수록 좋다.

그럼 연금을 연간 1,200만 원 넘게 수령하면 종합소득세가 얼마나 되는지 간단한 예를 통해 살펴보자. 개인연금만 있고 아무런 소득이 없다고 가정해 인적공제와 연금소득공제만 적용해보았다.

연금저축에서 연금으로 매월 각각 150, 200, 300만 원을 받는 경우의 종합소득세를 계산해보았다(표2-19 참조). 월 150만 원을 수령하는 경우 인적공제와 연금소득공제를 하고 난 뒤 과세표준에 세율을 곱하면 종합소득세는 69만 9,600원이 된다. 월 부담액으로 보면 5만 8,000원 정도다.

연간 1,200만 원이 넘어서면 세상 멸망할 것 같은 세금 폭

[표2-19] 연금저축 연간 1,200만 원 초과 수령 시 종합소득세

구분	금액		
월 수령액(만 원)	150	200	300
연간 수령액(만 원)	1,800	2,400	3,600
인적공제 1인(만 원)	150	150	150
연금소득공제(만 원)	590	730	850
과세표준(만 원, 6%/15%/15%)	1,060	1,520	2,600
종합소득세(원)	699,600	1,320,000	3,102,000
종합소득세(월 부담액, 원)	58,300	110,000	258,500
실효세율	3.9%	5.5%	8.6%

탄이 떨어지는 줄 알았는데 고작 월 5만 8,000원이다. 전체 수령액에 대한 세율은 3.9퍼센트에 지나지 않는다. 아울러 월 200만 원을 받는 경우는 월 부담액이 11만 원이며, 월 300만 원을 받는 경우는 월 26만 원가량만 부담하면 된다.

게다가 연말정산에는 인적공제와 연금소득공제 외에도 카드 사용료나 보험료, 의료비, 부양가족 등 다양한 공제 항목이 있다. 이런 공제까지 포함한다면 실제 부담해야 하는 비율은 더욱 낮아진다. 그러니 세금 폭탄 걱정하지 말고, 연금을 얼마나 많이 모아서 얼마나 많이 받을지를 고민하자.

자, 다시 한번 질문하겠다. 100만 원을 받고 5퍼센트의 세

금을 낼 것인가, 아니면 200만 원을 받고 10퍼센트의 세금을 낼 것인가?

연금이 많으면 건강보험료가 오른다?

직장을 그만두면 가장 신경 쓰이는 부분이 건강보험료다. 직장가입자에서 지역가입자로 변경되는 순간 건강보험료가 급등하기 때문이다.

직장가입자는 회사에서 받는 연봉을 기준으로 보험료가 산정되고, 회사가 절반을 부담한다. 반면 지역가입자는 보험료 부과 점수에 의해 보험료를 산정하는데, 여기에는 다양한 소득뿐만 아니라 재산세 부과 대상인 건물, 토지, 주택 등이 포함되며, 심지어 자동차까지 포함된다. 그러니 보험료가 급등할 수밖에 없다.

그나마 퇴사한 지 얼마 되지 않은 경우에는 임의 가입 제도를 활용할 수 있다. 임의 가입 제도란 퇴사 후 지역가입자 보험료를 최초로 고지받은 날로부터 2개월이 지나기 전에 신청하면 최대 36개월간 직장 다닐 때 납부하던 건강보험료를 그대로 낼 수 있도록 해주는 제도다.

그렇다면 연금저축 계좌에서 연금을 받을 때도 건강보험료를 더 내야 할까? 결론부터 말하자면 사적연금의 경우 건강보험료와 무관하다. 연금을 아무리 많이 받아도 건강보험료는 오르지 않는다. 건강보험료 부과 대상의 연금은 오로지 공적연금뿐이다.

[표2-20] 연금 유형별 건강보험료 부과 대상

연금 유형	건강보험료 부과 대상
사적연금(연금저축, 퇴직연금)	X
공적연금(국민연금, 공무원연금, 사학연금, 군인연금)	O

PART 3

연금 투자
무작정 따라 하기 기초편

7장

연금 투자를 위해
꼭 알아야 할 ETF

연금 계좌를 운용하기 위해서는 ETF를 반드시 알아야 한다. 우리말로 상장지수펀드라고 하는 ETF는 소액으로 다양한 주식을 한꺼번에 사는 효과가 있는 데다 펀드보다 비용이 저렴하고 쉽게 매매할 수 있는 등 장점이 많다. 7장에서는 ETF를 운용하는 국내외 운용사와 업종별, 테마별 ETF 주요 상품들을 소개한다. 유형별 세금을 정리함으로써 개인연금 및 퇴직연금 계좌에서는 국내 상장 ETF 가운데 '기타ETF'를 매수하는 것이 가장 유리한 것임을 보여준다. 라이프사이클 펀드인 TDF, TRF, TIF에 대해서도 알기 쉽게 설명한다.

ETF 쉽게 이해하기

연금 계좌(연금저축펀드)는 개별 주식에 투자하는 게 불가능하다. 연금을 운용하기 위해서는 펀드나 ETF에 투자해야 한다. 펀드는 가입과 해지의 불편함이 있고, 수수료도 상대적으로 높다. 반면 ETF는 손쉽게 투자할 수 있고, 펀드보다 수수료도 낮다. 이처럼 연금 계좌에서는 ETF로 투자하는 것이 좋으니 ETF에 대해서 반드시 알아야 한다.

ETF(Exchange Traded Fund)를 우리말로 하면 상장지수펀드라고 한다. 하나씩 뜯어서 그 뜻을 살펴보자.

수많은 기업을 ETF 1주에 담다

'상장'은 말 그대로 주식시장에 상장되어 있다는 뜻이다. 삼성전자 같은 개별 종목과 마찬가지로 ETF도 주식시장에 상장되어 있다. 이는 곧 개별 주식과 같이 사고팔기가 쉽다는 이야기다.

'지수'는 인덱스(index)라고도 한다. ETF는 인덱스를 추종하는 상품이다. 뉴스에서 코스피 지수(KOSPI), 코스닥 지수(KOSDAQ)라는 말을 들어보았을 것이다. 코스피 지수를 예로 들어보자. 코스피 지수는 1980년 1월 4일의 시가총액(상장된 모든 기업의 주가 총합)을 100으로 하여 현재의 시가총액 비율을 계산한 것이다.

예를 들어 2022년 2월 말 기준 코스피 지수가 2699.18이라면 1980년 1월 4일 대비 26배가량 올랐다는 의미다. 이와 유사하게 미국에는 S&P500 지수가 있다. 미국의 국제 신용평가 기관인 스탠더드 앤드 푸어스(Standard & Poor's)사가 만든 지수로, 미국의 주요 500개 종목을 기준으로 산출하는 지수다.

[그림3-1] ETF 개요

*자료: NH투자증권 100세시대연구소

'펀드'는 여러 종목을 한곳에 담아서 운용하는 것을 말한다. 앞서 설명했듯이 S&P500은 500개 기업으로 구성되어 있다. S&P500 지수를 추종하는 펀드에 가입하는 것은 이 500개 기업이 지수에서 차지하는 시가총액 비율에 맞추어서 투자하는 것과 같다. 즉 500개 기업을 다 살 필요 없이 S&P500 지수를 추종하는 ETF 1주만 사면 500개 기업에 골고루 투자한 것과 같은 효과를 얻을 수 있다.

정리하자면 ETF는 여러 종목이 모여서 만들어진 지수를 추종하는 펀드 형태의 상장된 금융상품이다.

[그림3-2]는 국내 및 세계의 ETF 시장 자산 규모를 나타낸 것이다. 국내 ETF 자산 규모는 2021년 말 기준 74조 원까지 급성장했다. 세계 ETF 자산은 10조 달러 규모로, 우리 돈으로 환산하면 1경 3,000조 원에 달한다. 그래프에서 나타나듯 전 세계적으로 ETF 자산 규모의 상승 추세가 무척 가파르다. ETF가 전 세계적으로 각광을 받고 있다는 이야기다.

ETF 종목들은 일반 주식과 마찬가지로 증권사의 HTS(Home Trading System)와 MTS(Mobile Trading System)에서 쉽게 확인하고 거래할 수 있다.

연금 투자에서 ETF를 어떻게 활용하면 좋을지 알아보기 전에 장단점부터 구체적으로 살펴보자.

[그림3-2] 한국과 세계의 ETF 자산 규모

한국

■ 한국 ETF 순자산 규모(왼쪽 축)   ── 한국 ETF 수(오른쪽 축)

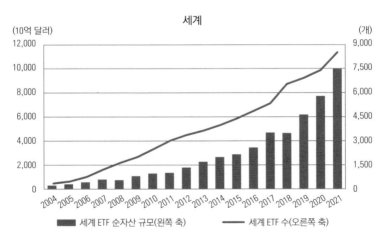

세계

■ 세계 ETF 순자산 규모(왼쪽 축)   ── 세계 ETF 수(오른쪽 축)

[그림3-3] M사 MTS에서 ETF 종목 확인

*비고: 각 상품에 대한 자세한 정보는 자산운용사에서
  확인할 수 있다.

장점이 월등히 많은 ETF

요즘 유튜브를 보면 '단군 이래 돈 벌기 가장 쉬운 시대'라
는 말을 자주 듣게 된다. 직장에 출근해서 일하고 월급 받는
전통적인 방식이 아니라, 최근 등장한 다양한 플랫폼을 활용
하면 쉽게 돈을 벌 수 있다는 의미인데, 다소 자극적인 말이
어서인지 뇌리에 박혔다. 나는 이 말을 살짝 바꿔서 다음과
같이 외치고 싶다.

"단군 이래 연금으로 부자 되기 가장 쉬운 시대가 열렸다!"

퇴직연금 직접투자의 시대

예전에는 연금이라고 하면 은행이나 보험사에 맡겨놓고 이자를 적립하다가 은퇴 시점에 받는 것이라고들 생각했다. 지금도 그렇게 생각하는 사람이 많다. 그중 대부분이 10년 가까이 납입한 연금 계좌를 열어보고 낮은 수익률에 충격을 받는다. 그러고는 부랴부랴 다른 투자 수단들을 알아본다. 연금저축보험 같은 경우는 납입 기간이 길지 않으면 원금보다 적은 경우가 많아서 울며 겨자 먹기로 운용을 이어가는 경우도 적지 않다.

하지만 시대가 바뀌었다. 퇴직연금은 2016년 7월부터, 개인연금(연금저축)은 2017년 11월부터 ETF 투자가 가능해짐으로써 연금 직접투자 시대가 본격적으로 열렸다. 이에 따라 저금리 시대에 은행이자 수준만 받고 은퇴했다가는 노후 준비가 전혀 되지 않는다고 생각한 직장인들이 발 빠르게 ETF 시장으로 움직이고 있다.

분산투자 효과로 위험을 줄이다

ETF의 장점으로는 첫째, 분산투자를 꼽을 수 있다. 1주를 사더라도 그 ETF에 포함된 전체 기업을 사는 효과가 있다. 예를 들어 2차전지 산업에 투자하고 싶어서 LG에너지솔루션에 투자했다고 가정해보자. 산업 자체에는 문제가 없으나 개별 기업 이슈가 발생하면 주가는 하락할 것이다. 하지만 2차전지 산업에 속한 기업들을 모아놓은 ETF에 투자한다면 개별 기업의 위험은 제한적일 것이다.

둘째, ETF는 포트폴리오를 구성하기에 용이하다. 주식, 채권을 비롯해 원자재와 부동산(리츠)까지 여러 분야의 상품으로 다양하게 포트폴리오를 구성할 수 있다. 이 다양성은 포트폴리오의 위험을 줄이는 데 중요한 요소로 작용한다.

펀드보다도 낮은 비용

셋째, ETF는 비용이 낮다. ETF도 펀드의 일종이기 때문에 보수가 존재한다. 다만 일반 펀드의 경우 보수가 1퍼센트 이상인 데 반해, ETF는 0.15에서 0.5퍼센트(국내 상장 해외 ETF) 내외로 일반 펀드보다 낮다. 그것도 자산운용사들의 경쟁으로 인해 지속적으로 낮아지는 추세다.

넷째, ETF는 소액으로도 투자가 가능하다. 개별 종목으로 포트폴리오를 구성하려면 1주씩만 사도 수십만 원에서 수백만 원의 비용이 필요하다. 하지만 ETF를 사면 1만 원으로 해결할 수 있다.

다섯째, 해외 지수를 추종하는 ETF가 한국 증권시장에 상장되어 있어서 손쉽게 해외 투자가 가능하다.

여섯째, ETF는 중도 환매수수료가 없다. 펀드는 3개월 또는 6개월 이내에 환매하면 수수료를 받는 경우가 많은데, ETF는 주식과 같아서 환매수수료가 없다.

물론 ETF도 단점이 있다. 거래량이 적은 ETF의 경우 원하는 가격보다 비싸게 살 수밖에 없다. 또 선물ETF의 경우 롤오버 비용이 발생하므로 현물ETF보다 수익이 낮아질 수 있다. 그럼에도 일반 펀드에 비해 장점이 월등히 많고 다양한 상품이 상장되다 보니 일반 펀드에 투자했던 투자자들이 ETF로 자금을 많이 옮기는 추세다.

[Tip] 선물ETF의 롤오버(Roll-Over)

선물 거래란 자산을 오늘 거래한 가격으로 미래에 사거나 팔기로 하는 거래를 말한다. 예를 들어 1월 선물, 2월 선물, 3월 선물 따위 특정 기간을 단위로 살 수 있는 권리를 매매하는 것이다. 이때 높은 수익을 예상해 2월 선물 증서를 3월 증서로 바꾸는 것을 롤오버라 하며 이때 발생하는 비용을 롤오버 비용이라 한다. 롤오버 비용은 보통 '미래 가격 – 현재 가격'으로 구한다.

[표3-1] ETF의 장점과 단점

ETF 장점	
분산투자	인덱스 투자
거래의 용이성	주식처럼 실시간 거래 가능, 환금성이 뛰어남
비용	0.15~0.5%
소액 투자	개별 종목에 비해 적은 돈으로 투자 가능
해외 투자	해외 지수를 추종하는 ETF가 국내에 상장돼 있음
환매수수료	중도 환매수수료 없음
ETF 단점	
거래량	거래량이 적을 경우 비싸게 살 수 있음
롤오버 비용	선물ETF의 경우 롤오버 비용 발생

나에게 맞는 ETF를 고르자

2021년 기준 글로벌 ETF 상품은 8,700개가 넘는다. ETF는 수도 많지만 종류가 무척 다양하다. ETF는 지수를 추종하는 펀드 형태의 상장된 금융상품이라고 했는데, 추종하는 지수에 따라서 다양한 유형의 ETF가 존재한다. 각국 주식시장의 대표 지수를 추종하는 ETF를 중심으로 업종(섹터)ETF와 테마ETF가 대표적이다. 그 밖에도 팩터, 전략, 액티브, 자산 배분 등의 ETF가 존재하며, 다양한 이름으로 분류된다.

[그림3-4] 상장 ETF 종류

*자료: 네이버 금융

[그림3-4]는 네이버에서 확인할 수 있는 ETF 상품들이다. 초기화면에서 '증권'을 클릭해 네이버 금융으로 들어간 다음, '국내증시'를 클릭하고 왼쪽의 '주요시세정보'에서 'ETF' 항목을 선택하면 많은 상품을 볼 수 있다. 국내에 상장된 상품을 기준으로 몇 가지 주요 분류별 ETF를 살펴보자.

ARIRANG 신흥국MSCI(합성H)
①   ②   ③   ④

① ETF 브랜드: 각 자산운용사 고유의 ETF 브랜드명
  • ARIRANG(한화자산운용), KODEX(삼성자산운용),
    TIGER(미래에셋자산운용) 등
② 기초지수: 해당 ETF가 추종하는 지수
  • 신흥국MSCI는 모건스탠리에서 발표하는 신흥국MSCI 지수
    (Morgan Stanley Capital International index)
③ 합성: 자산운용사가 자산을 실물 편입하지 않고 다른 증권사
    와의 계약을 통해 수익을 제공받는 방법. 야간에 열리는 해외
    지수 편입에 편리.
④ H: 환율 헤지 여부
  • H 표시가 있으면 환헤지 상품, H 표시가 없으면 환노출 상품

각국 시장지수 ETF

ETF는 지수를 기준으로 만들어지는 상품이다. 예를 들면 코스피처럼 주식시장을 대표하는 지수가 있다. 한국의 코스피, 코스닥 외에 해외 지수를 추종하는 ETF들도 국내에 상장되어 있다.

[표3-2]에 각국의 대표적인 지수를 추종하는 ETF를 정리

[표3-2] 국가별 대표 지수를 추종하는 ETF

국가	ETF 상품명	기초지수
한국	KODEX 코스피	코스피
	KODEX 코스닥150	코스닥 150
미국	TIGER 미국 S&P500선물(H)	S&P500 Futures Index(ER)
	TIGER 미국다우존스30	Dow Jones Industrial Average
	TIGER 미국나스닥100	NASDAQ 100
일본	TIGER 일본니케이225	Nikkei 225
유로존 12개국	TIGER 유로스탁스50(합성H)	EURO STOXX 50 Index
중국	TIGER 차이나CSI300	CSI 300 Index
인도	KOSEF 인도Nifty50(합성)	Nifty 50 Index
베트남	ACE 베트남VN30(합성)	VN30 Index(PR)
신흥국 26개국	ARIRANG 신흥국MSCI(합성H)	MSCI EM Index
선진국 23개국	KODEX 선진국 MSCI World	MSCI World Index

했다. 여기에 소개된 국가 외에 다른 국가들의 지수를 추종하는 상품도 다양하게 상장되어 있다. 증권사 MTS나 네이버 금융, 자산운용사 홈페이지에 들어가면 상세한 정보들을 확인할 수 있다.

업종(섹터) ETF

한국증권거래소(KRX)에서도 업종 관련 지수를 제공한다. 주식시장에는 업종지수를 추종하는 다양한 ETF가 상장되어

[표3-3] 업종 ETF, KRX 섹터지수 기준

업종(섹터)	ETF 상품명	기초지수
정보기술	KODEX IT	KRX 정보기술
건설	KODEX 건설	KRX 건설
경기소비재	KODEX 경기소비재	KRX 경기소비재
기계장비	KODEX 기계장비	KRX 기계장비
미디어&엔터테인먼트	KODEX 미디어&엔터테인먼트	KRX 미디어&엔터테인먼트
반도체	KODEX 반도체	KRX 반도체
보험	KODEX 보험	KRX 보험
에너지화학	KODEX 에너지화학	KRX 에너지화학
운송	KODEX 운송	KRX 운송
은행	KODEX 은행	KRX 은행
자동차	KODEX 자동차	KRX 자동차
증권	KODEX 증권	KRX 증권
철강	KODEX 철강	KRX 철강
필수소비재	KODEX 필수소비재	KRX 필수소비재
헬스케어	KODEX 헬스케어	KRX 헬스케어
방송통신	TIGER 방송통신	KRX 방송통신

[그림3-5] KODEX IT, 정보기술 섹터의 ETF

*자료: 네이버 금융

있다. 업종별 ETF의 목록을 [표3-3]에 정리했다. 한 업종의
개별 주식에 투자하는 것이 위험성이 크다고 판단되면 업종
ETF에 투자하는 것도 좋은 방법이다. 여러 종목에 분산투자
를 하는 효과를 누릴 수 있기 때문이다.

[그림3-5]는 네이버 금융에서 정보기술 섹터의 ETF 상품
인 KODEX IT를 조회한 화면이다. 'ETF분석' 탭을 클릭해보
자. 기초지수는 KRX정보기술이고, 운용사는 삼성자산운용이
다. 분류는 섹터로 되어 있다. 화면을 조금 더 내려보면 이 상
품의 구성 종목과 비중이 나온다(그림3-6 참조). 그 외 상품의
개요도 나와 있으니 참고하면 좋다. 좀 더 자세한 정보를 얻
고 싶다면 자산운용사 홈페이지에서 확인하면 된다.

[그림3-6] KODEX IT의 구성 종목

CU당 구성종목 [기준:22.10.25]

구성종목명	주식수(계약수)	구성비중(%)	CU당 구성종목 TOP 10
삼성SDI	551	23.13	
SK하이닉스	3,366	20.17	
삼성전자	5,388	19.93	
삼성전기	590	4.58	
엘앤에프	246	3.22	
LG이노텍	152	2.85	
삼성에스디에스	355	2.74	

CU당 구성종목 TOP 10

LG디스플레이(2.07%)
SK스퀘어(2.54%)
삼성에스디에스(2.74%)
LG이노텍(2.85%)
엘앤에프(3.22%)
삼성전기(4.58%)
삼성전자(19.93%)
삼성SDI(23.13%)
SK하이닉스(20.17%)

* CU : 설정단위(Creation unit)
* 구성비중이 없는 경우 주식수로 정렬됨

*자료: 네이버 금융

테마 ETF

앞서 시장지수나 섹터지수를 추종하는 ETF를 알아보았다. 이 외에 테마 종목으로 구성된 ETF도 많이 상장되어 있다. 테마란 간단히 말해 많은 투자자의 관심이 집중된 분야 혹은 주제라고 생각하면 된다. 최근에는 2차전지, ESG, 수소, 탄소중립 등의 테마가 각광받고 있다. 특정 테마에 관심이 있는데 단일 기업에 투자하는 것이 부담된다면 ETF를 살펴봐도 좋을 것이다.

ETF 상품 중 이름에 '테마'라는 단어가 포함된 것들을 [표3-4]에 모아놓았다. 이름에 '테마'가 없어도 많은 사람이 관심 있어 하는 테마는 ETF 상품으로 다양하게 출시되어 있다.

[표3-4] 상품명에 '테마'가 포함된 ETF

테마	ETF 상품명	기초지수
중국 소비	TIGER 중국소비테마	FnGuide 중국내수테마지수
게임	KBSTAR 게임테마	WISE 게임테마지수
2차전지	TIGER 2차전지테마	WISE 2차전지테마지수
혁신 기술	KODEX 혁신기술테마액티브	코스피(30%는 자산운용사 탄력 운용)
수소경제	KBSTAR Fn수소경제테마	FnGuide 수소경제테마지수
미국 친환경	ACE 미국친환경그린테마INDXX	Indxx US Green Infrastructure Price return Index
골프	HANARO Fn골프테마	FnGuide 골프테마지수
플랫폼	KBSTAR Fn플랫폼테마	FnGuide 플랫폼테마지수
원자력	ACE 원자력테마딥서치	DeepSearch 원자력테마지수

*자료: 네이버 금융

지금까지 시장지수·업종·테마와 관련한 ETF에 대해 간략하게 알아보았다. 이외에도 채권, 주식·채권 혼합, 모멘텀, 팩터 등으로 다양하게 분류되어 있으므로 별도로 공부해보는 것을 추천한다.

[그림 3-7]과 [그림 3-8]은 각각 미래에셋자산운용과 삼성자산운용의 홈페이지에서 ETF 상품을 확인한 화면이다. 국

직장인이지만
공무원연금 받기로 했습니다

내외 ETF 상품이 분류되어 있다. 미래에셋자산운용의 경우 '라인업 한눈에 보기' 화면에서 개인연금과 퇴직연금에 투자 가능한 상품을 확인할 수 있다. 삼성자산운용의 경우 '전체상품 한눈에 보기'에서 각 ETF 상품을 클릭하면 개인연금과 퇴직연금의 투자 가능 여부가 표시되어 있다. 관심 상품을 중심으로 공부를 시작해보자.

[그림3-7] 미래에셋자산운용 TIGER ETF 라인업 한눈에 보기

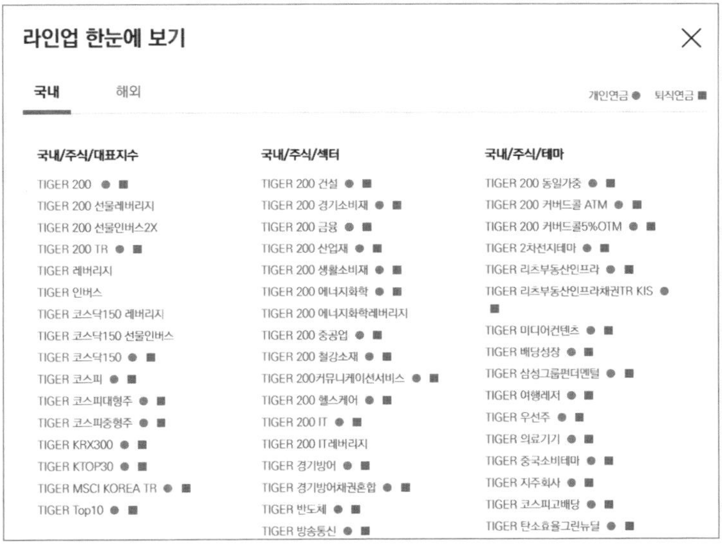

라인업 한눈에 보기 ✕

국내 해외   개인연금 ● 퇴직연금 ■

국내/주식/대표지수

TIGER 200 ● ■
TIGER 200 선물레버리지
TIGER 200 선물인버스2X
TIGER 200 TR ● ■
TIGER 레버리지
TIGER 인버스
TIGER 코스닥150 레버리지
TIGER 코스닥150 선물인버스
TIGER 코스닥150 ● ■
TIGER 코스피 ● ■
TIGER 코스피대형주 ● ■
TIGER 코스피중형주 ● ■
TIGER KRX300 ● ■
TIGER KTOP30 ● ■
TIGER MSCI KOREA TR ● ■
TIGER Top10 ● ■

국내/주식/섹터

TIGER 200 건설 ● ■
TIGER 200 경기소비재 ● ■
TIGER 200 금융 ● ■
TIGER 200 산업재 ● ■
TIGER 200 생활소비재 ● ■
TIGER 200 에너지화학 ● ■
TIGER 200 에너지화학레버리지
TIGER 200 중공업 ● ■
TIGER 200 철강소재 ● ■
TIGER 200커뮤니케이션서비스 ● ■
TIGER 200 헬스케어 ● ■
TIGER 200 IT ● ■
TIGER 200 IT레버리지
TIGER 경기방어 ● ■
TIGER 경기방어채권혼합 ● ■
TIGER 반도체 ● ■
TIGER 방송통신 ● ■

국내/주식/테마

TIGER 200 동일가중 ● ■
TIGER 200 커버드콜 ATM ● ■
TIGER 200 커버드콜5%OTM ● ■
TIGER 2차전지테마 ●
TIGER 리츠부동산인프라 ● ■
TIGER 리츠부동산인프라채권TR KIS ●
TIGER 미디어컨텐츠 ● ■
TIGER 배당성장 ● ■
TIGER 삼성그룹펀더멘털 ● ■
TIGER 여행레저 ●
TIGER 우선주 ●
TIGER 의료기기 ●
TIGER 중국소비테마 ●
TIGER 지주회사 ●
TIGER 코스피고배당 ● ■
TIGER 탄소효율그린뉴딜 ● ■

[그림3-8] 삼성자산운용 KODEX ETF 전체 상품 한눈에 보기

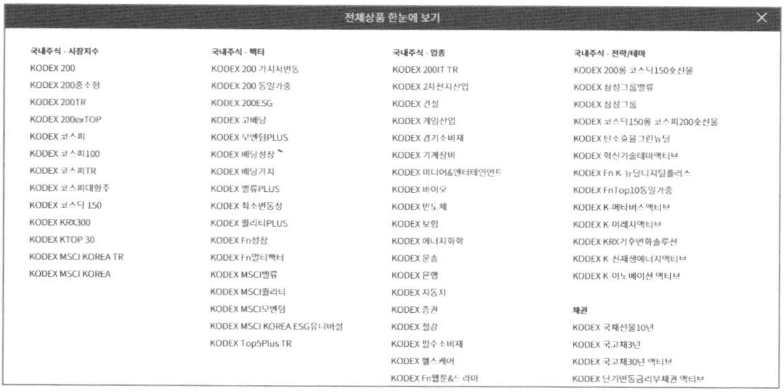

연금 계좌는 기타ETF에 최적

ETF는 매매차익에 대해서 세금을 매기는 것과 매기지 않는 것이 존재한다. 이는 연금을 쌓아나가고자 하는 투자자 입장에서 아주 중요한 사항이다. 그래서 여기서는 세금을 기준으로 ETF를 분류해보았다. [표3-5]에서 보는 바와 같이 ETF는 세금과 관련해 크게 세 가지 유형으로 분류할 수 있다.

먼저 국내 주식형ETF는 말 그대로 국내 주식으로 이루어진 ETF를 말한다. 국내 채권형ETF는 기타ETF로 분류된다. 해외 지수를 추종하는 국내 상장 해외 ETF와 파생상품ETF, 원자재ETF도 기타ETF로 분류된다. 그리고 해외에 상장되어 해외 계좌에서 매매할 수 있는 ETF는 해외 상장 ETF로 분류된다.

[표3-5] 세금에 따른 ETF 분류 및 유형별 세금

구분	국내 상장 ETF		해외 상장 ETF
	국내 주식형ETF	기타ETF	
내용	국내 주식들로 이루어진 ETF	국내 상장된 해외 ETF, 파생상품ETF, 채권ETF, 원자재ETF	해외에 상장된 해외 ETF
매매차익	비과세	배당소득세(15.4%)	양도소득세(22%)
분배금	배당소득세(15.4%)		

그렇다면 유형별 세금은 어떻게 다를까? 세금은 매매에 따른 매매차익과 배당금에 해당하는 분배금으로 나눌 수 있다. 먼저 매매차익을 살펴보자. 국내 주식형ETF는 비과세다. 기타ETF는 배당소득세 15.4퍼센트를 원천징수한다. 원천징수한다는 것은 매도할 때 세금이 자동으로 계산된다는 뜻이다. 해외 상장 ETF는 매매차익이 양도소득세에 해당한다. 따라서 공제 등의 과정을 거쳐 별도로 정산해야 한다.

분배금은 세 가지 유형 모두 공통적으로 배당소득세 15.4퍼센트를 원천징수한다.

이 책에서는 대부분 기타ETF를 다룰 예정이다. 앞서 보았듯이 기타ETF는 매매차익과 분배금에 대해서 배당소득세 15.4퍼센트를 원천징수한다. 하지만 연금 계좌로 투자하면

이 세금을 당장 내지 않아도 된다(과세이연). 그뿐만 아니라 향후 연금을 받을 때 나이에 따라서 3.3~5.5퍼센트의 낮은 세율이 적용된다.

어떻게 보면 국내 주식형ETF는 연금 계좌에서 운용하면 손해 아닌 손해를 보게 된다. 일반 계좌에서도 비과세인데 연금 계좌에서도 비과세이기 때문이다. 실제 손해 보는 것은 아니지만 기타ETF가 혜택을 받는 것에 비하면 장점이 떨어진다. 따라서 국내 주식형ETF는 별도로 투자하기로 하고, 연금 운용에서는 기타ETF에 집중하자.

[표3-6]은 일반 계좌와 연금 계좌의 세금을 비교한 것이다. 연금 계좌는 기타ETF를 운용하기에 더할 나위 없이 좋은 장소다.

[표3-6] 일반 계좌와 연금 계좌의 세금 비교

구분		국내 상장 ETF	
		국내 주식형ETF	기타ETF
일반 계좌	매매차익	비과세	배당소득세(15.4%)
	분배금	배당소득세(15.4%)	
연금 계좌	매매차익	비과세	과세이연
	분배금	과세이연	

[Tip] 과세이연이란?

세금 납부를 일정 기간 연기해주는 제도. ETF(기타ETF)를 운용해 수익(매매차익, 분배금)을 얻었다면 매도할 때 수익에 대한 세금 15.4퍼센트를 납부해야 한다. 그러나 연금 계좌로 투자하면 일반 계좌와 달리 매도 시에 세금을 내지 않는다. 연금을 받을 때 나이에 따라서 3.3~5.5퍼센트의 연금소득세만 내면 된다. 일반 계좌의 15.4퍼센트보다 10퍼센트포인트 이상 낮은 세율이다. 게다가 매도할 때 세금을 내지 않기 때문에 원금의 크기가 커지며, 운용할수록 이익도 커진다.

또한 과세이연은 손익 통산의 효과를 갖는다. 만약 일반 계좌로 기타ETF에 투자해 200만 원의 이익을 보고 300만 원의 손실을 봤다면 결과적으로 100만 원의 손실을 본 것이다. 하지만 세금은 200만 원의 이익에 대해 부과된다. 손해를 봤는데도 세금을 내야 하는 것이다. 일반 계좌의 경우 매도 시에 원천징수를 하기 때문이다.

그러나 연금 계좌는 과세이연을 하기 때문에 당장 이익이 나든 손해가 나든 세금을 내지 않는다. 나중에 연금을 받을 때 납부하게 되는데, 이때 연금을 납입하고 운용한 기간의 이익과 손실을 통산하여 과세한다. 즉 손익 통산이란 이익분과 손실분 전체를 합산해서 이익이 났을 경우에만 세금을 부과하는 것이다. 만약 연금 계좌로 기타ETF에 투자해 200만 원의 이익을 보고 300만 원의 손실을 봤다면 결과적으로 100만 원이 손해이기 때문에 세금을 내지 않는다. 손익 통산 역시 연금 계좌로 자산을 불리는 데 도움이 되는 요인이다.

라이프사이클 펀드: TDF, TRF, TIF

생애주기(life cycle)에 맞추어서 투자하라는 말이 있다. 이때 100의 법칙이 적용되는데, 100에서 자신의 나이를 뺀 만큼 주식과 같은 위험자산에 투자하고, 나머지는 채권과 같은 안전자산에 투자하라는 것이다. 이렇게 생애주기에 맞추어서 투자를 하는 상품이 라이프사이클 펀드다.

라이프사이클 펀드는 사전에 가입자가 지시한 대로 운용되기 때문에, 연금을 불리고 싶은데 시간이 부족하거나 자신이 없는 사람들이 활용해볼 만하다. 아울러 노후를 대비하는 데 유용한 ETF이기도 하다. 대표적으로 TDF, TRF, TIF 세 종류가 있다.

TDF: 은퇴 시점에 맞춘 자산 배분

TDF(Target Date Fund)란 은퇴 시점에 맞추어서 자산 비중을 적절히 조절해주는 펀드를 말한다. Target Date는 목표 날짜인데, 은퇴 시점을 뜻한다. 예상하겠지만 은퇴 시점이 다가올수록 보수적으로 운용하게 된다. 젊은 나이에는 위험자산을 많이 포함해 자산의 가격 하락이 크게 발생하더라도 만회할 시간이 있다. 그러나 은퇴 시점이 되어서 돈을 찾아 써야 하는데 자산 가격이 폭락하면 연금 수령에 문제가 생길 수 있다

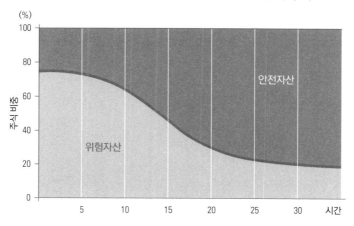

[그림3-9] 시간별 위험자산 및 안전자산의 변화 추이

는 생각에서 탄생한 포트폴리오가 바로 TDF다.

[그림3-9]는 시간에 따라서 안전자산과 위험자산의 비중이 달라지는 것을 나타내고 있다. 젊은 시절에는 위험자산의 비중이 높다가, 은퇴 시점이 가까워질수록 위험자산의 비중은 낮아지고 안전자산의 비중은 높아지는 것을 확인할 수 있다.

이때 위험자산과 안전자산의 비중 조절선을 일명 '글라이드 패스'라고 한다. 글라이드 패스는 항공 분야에서 쓰는 용어인데, 비행기가 착륙할 때의 경로를 말한다. 한마디로 비행기가 안전하게 착륙하듯 연금도 은퇴 시점에 맞추어서 안전하게 운용되도록 자산 비중을 조절하겠다는 뜻이다. 다만 TDF는 운용사에 따라 위험자산과 안전자산의 구성 및 비중이 다

[표3-7] TDF 상품별 위험자산·안전자산 비중

(단위: %)

상품	주식	채권	유동성·기타	합계
K사 TDF2025	14.1	40.6	45.3	100.0
K사 TDF2030	22.1	32.3	45.6	100.0
K사 TDF2035	33.5	20.9	45.6	100.0
K사 TDF2040	46.6	9.3	44.1	100.0
K사 TDF2045	58.5	1.8	39.7	100.0
K사 TDF2050	66.4	1.0	32.6	100.0

르고 전략에 따라서도 다르다는 점은 감안해야 한다.

[표3-7]은 목표 시점이 다른, 어느 자산운용사 상품들의 주식(위험자산)과 채권(안전자산) 비중을 정리해본 것이다. 목표 시점이 2050년으로 되어 있는 상품은 주식 비중이 높으며 목표 날짜가 가까울수록 주식 비중이 낮아진다. 글라이드 패스를 따르고 있는 것이다.

TDF 상품들은 5년 단위로 출시돼 있다. 회사별로 운용 보수와 구성이 다르므로 원하는 상품이 있다면 자산운용사 홈페이지에서 하나씩 확인해야 한다.

[표3-8]은 목표 시점은 2035년으로 동일하되 투자전략이 다른, 어느 자산운용사의 TDF 상품을 비교한 것이다. 목표 시점이 동일하더라도 전략별로 상품 구성이 달라질 수 있음을

[표3-8] 전략별 위험자산·안전자산 비중

(단위: %)

상품	주식	집합투자 증권	채권	유동성· 기타	합계
M사 전략배분TDF2035	42.39	23.00	14.52	20.09	100.00
M사 자산 배분TDF2035		78.41		21.59	100.00

확인하게 된다.

이때 목표 시점은 은퇴 시점을 의미하긴 하지만, 실제 은퇴 시점을 말하는 것은 아니다. 간단하게 말하면 위험자산·안전자산의 비중을 글라이드 패스에 따라서 조절하는 방법만 취하는 것이다. 따라서 2035년에 은퇴를 예상한다고 해도 TDF2035에 가입할 의무는 없다. 그저 기간별 비중 조절을 고려해서 상품을 선택하면 된다.

TDF는 개인연금과 퇴직연금에서 가입하면 된다. 2022년 6월 ETF 형태로 코스피 시장에도 상장되어 편하게 투자할 수 있게 되었다.

TRF: 목표 위험에 따른 자산 배분

TRF(Target Risk Fund)는 TDF와 비슷하면서도 조금 다르다. TRF는 목표 위험에 따라서 자산을 배분하는 펀드다. 즉 투자자가 감당할 수 있는 위험자산(주식)의 비중을 정해놓고, 여기에 맞추어서 주식과 채권의 비중을 정하는 방식이다. TDF가 은퇴 시점을 기준으로 자산 배분 비중을 글라이드 패스에 따라서 조절한다면, TRF는 위험자산과 안전자산의 비중을 한 가지로 미리 정해놓고 일관되게 유지한다.

[표3-9]에서 TDF와 TRF를 간략하게 비교해보았다. TDF는 펀드 혹은 ETF 형태이며, 자산 비중은 목표 시점에 맞추어서 변동하게 된다. TDF 상품은 여러 자산운용사에서 다양하게 출시돼 있다. TRF는 ETF 형태만 있으며, 주식과 채권의 비중이 고정되어 있다. ETF인 만큼 일반 주식처럼 쉽게 매매할 수 있다.

한편 TDF의 펀드 상품은 펀드의 특성상 보유 종목을 하나하나 확인하는 것이 쉽지 않다. 각 운용사별로 보유 비중이 높은 약 10개 종목의 정보는 공개하고 있으나 속속들이 알기

[표3-9] TDF vs TRF

	TDF	TRF
형태	펀드·ETF	ETF
주식과 채권 비중	변동(글라이드 패스)	고정
상품 예시	삼성한국형TDF2050 KODEX TDF2030 KODEX TDF2040	KODEX TRF7030 KODEX TRF5050 KODEX TRF3070
보수	연 1% 내외(펀드) 연 0.2% 내외(ETF)	연 0.1~0.25% 내외

는 어렵다. 반면 TRF는 처음부터 투자할 주식과 채권 및 그 비중이 정해져 있어서, 운용사는 정해진 비중이 유지되도록 조절만 한다.

[그림3-10]은 네이버 금융에서 찾아본 KODEX TRF3070의 상품 개요다. 삼성자산운용사에서 운용하며, 연 보수는 0.24퍼센트이고, FnGuide TRF 3070 지수를 추종한다고 되어 있다. 이 지수는 글로벌 선진국 주식(MSCI World Index)과 한국 채권(KAP 한국종합채권 Focus 지수)을 혼합한 지수다. 간단하게 생각하면 글로벌 선진국 주식 지수를 따르는 ETF와 한국 채권을 추종하는 ETF 2개 종목을 각각 30퍼센트와 70퍼센트 보유하고 있는 것과 같다. [표3-10]에 KODEX TRF3070 상품의 정보를 요약해 놓았다.

[그림3-10] KODEX TRF3070 개요

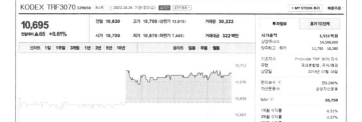

*자료: 네이버 금융

[표3-10] KODEX TRF3070 상품 정보

자산운용사	삼성자산운용
상품 정보	1. 투자자의 투자 성향을 고려한 글로벌 자산 배분 펀드 · Target Risk: 투자자가 감당할 수 있는 위험자산의 비중을 의미 · 위험자산과 안전자산의 투자 비중을 조절한 '자산 배분형' 펀드
	2. 글로벌 선진국 주식 30% + 국내 채권 70% 비중으로 투자 · 글로벌 선진국 주식: MSCI World Index · 국내 채권: KAP한국종합채권FOCUS지수(AA- 이상)
기초지수 정보	FnGuide TRF 3070
	MSCI World 지수와 KAP한국종합채권FOCUS지수(AA- 이상, 총수익)를 Constant Mix 방식으로 혼합하여 산출하는 지수

*자료: 삼성자산운용

[그림3-11] MSCI World Index를 추종하는 ETF, KODEX 선진국 MSCI World ETF

[그림3-12] KAP 한국종합채권 지수를 추종하는 ETF,
KODEX 종합채권(AA-이상)액티브 ETF

[그림3-11] 과 [그림3-12] 는 TRF3070과 동일 지수를 따르는 주식과 채권의 ETF들이다. 이렇듯 TRF는 주식과 채권이 어디에 몇 퍼센트 투자되어 있는지 명확하게 알 수 있는 장점이 있다. ETF인 만큼 수수료도 저렴하다.

나이에 따라서 주식과 채권의 비중을 자신이 직접 조절하는 번거로움 없이 투자하고 싶다면 TDF에 가입하면 된다. 또한 ETF도 상장되어 있으니 함께 고려해봐도 좋다. 반면 나이 또는 은퇴 시점과 상관없이 주식과 채권의 비중을 고정해서 투자하고 싶고 저비용 상품을 원한다면 TRF 매수를 고려하면 된다.

TIF: 월 배당형

마지막으로 TIF에 대해서 알아보자. TIF(Target Income Fund)는 매년 원금의 3~4퍼센트 정도의 현금을 받으면서 원금은 최대한 보존하는 것을 목표로 하는 펀드다. 투자 대상은 주로 배당주, 채권, 리츠(REITs)의 임대수익 등이다.

TIF는 펀드와 ETF의 형태가 있는데, 펀드는 2017년에 도입되었고, ETF는 2022년 8월 미래에셋에서 처음으로 상장했다. 상품명은 'TIGER 글로벌멀티에셋TIF액티브'다. 퇴직연금에서 100퍼센트 투자 가능하며, 월 배당을 하는 상품이다.

TIF 펀드 상품은 각 자산운용사별로 다양하게 출시돼 있으나 2022년 8월 기준으로 월 지급식 상품은 퇴직연금에서는 가입이 불가능하다. 판매사 시스템과 세제 분류상의 어려움 때문에 일반 계좌와 개인연금으로만 투자할 수 있다.

[그림3-13] S사 TIF 상품의 자산 비중 및 구성

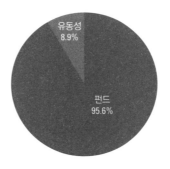

[그림3-13]은 어느 자산운용사 TIF 상품의 자산 구성을 나타낸 것이다. 펀드와 유동성으로 표시되어 있고 상세 종목을 확인하는 것은 어렵다. 상세 종목을 확인하더라도 대부분 펀드 상품으로 구성되어 있기 때문에 종목 확인이 어려운 것은 마찬가지다.

　이것은 TIF뿐만 아니라 TDF도 그렇다. 따라서 저마다 취향이나 목적에 따라 상품을 선택하겠지만, 자산 구성과 그 비중을 명확히 알고 싶다면 TRF 상품을 선택하는 것이 바람직하다.

연금 투자를 위한
기초 용어 이해

이제부터는 본격적으로 자산 배분 전략에 대해 소개할 예정이다. 자산 배분 전략을 선택할 때는 그 전략의 과거 실적을 바탕으로 한 시뮬레이션 결과, 즉 백테스트 결과를 기준으로 하는데, 이때 전략들 간의 실적과 특징을 비교하고 검토하기 위해서는 자주 쓰이는 기초적인 용어를 알아둘 필요가 있다.

▶ 연환산 수익률(Compound Annual Growth Rate: CAGR)

연환산 수익률은 한마디로 연간 복리 수익률을 말하는 것이다. 연간 10퍼센트씩 3년간 성장하면(주식 가격이 오르면) 최종 30퍼센트가 오르는 것이 아니라 33퍼센트가 오르게 된다. 이렇게 복리로 작용하는 수익률을 1년 단위로 통일해서 나타낸 것이 연환산 수익률이다.

앞서 33퍼센트가 오른 예를 들었는데, 만약 기간에 대한 통일성이 없다면 1년에 33퍼센트가 오른 건지 3년에 33퍼센트가 오른 건지 알 수가 없다. 그렇기에 서로 비교가 불가능해진다. 이때 1년이라는 기간으로 통일하면 서로 비교하기가 쉬워진다.

연환산 수익률은 자산시장이 복리로 움직이는 만큼 중요한 개념이다. 계산 방식으로는 두 가지가 있다.

[직접 계산하는 방식]

CAGR= (최종 값/최초 값)^(1/연수)-1

[엑셀 함수를 이용하는 방식]

RATE(기간, 0, -최초 값, 최종 값)

* 최초 값은 앞에 마이너스를 넣어줘야 한다.

▶ 최대낙폭(Maximum Draw Down: MDD)

낙폭은 가격이 이전 고점 대비 얼마나 하락했는지를 나타내는 수치다. 다음 쪽 [그림3-19]는 1994년부터 2022년 2월까지 미국 S&P500 ETF인 SPY의 낙폭을 보여준다. 2001년 IT버블 붕괴 시기와 2008년 금융위기 시기의 낙폭이 눈에 띈다. 두 번 모두 40퍼센트 이상의 폭락이 있었다. 설정한 기간 내에서 가장 큰 낙폭을 최대낙폭이라고 한다. 당연한 말이지만 투자전략을 수립할 때는 동일한 기간에서 최대낙폭이 작은 것이 좋다. 수익률은 높고 최대낙폭은 작은 전략을 선택해야 한다.

[그림3-19] S&P500 ETF(SPY)의 낙폭

*자료: 포트폴리오 비주얼라이저

▶ 샤프지수(Sharpe Ratio)

1990년 노벨경제학상을 받은 미국의 경제학자 윌리엄 샤프 (William F. Sharpe)가 1954년부터 1963년까지 34개 펀드의 실적을 바탕으로 만든 지수다. 위험자산에 투자함으로써 안전자산에 투자한 것 대비 초과수익을 얼마나 거두었는지를 판단하는 지수다. 간단한 수식으로 표현하면 다음과 같다.

샤프지수 = 초과수익률/위험률

간단 수식에서 확인할 수 있듯이 분모인 위험률은 낮고 분자인 초과수익률이 높은 것이 좋다. 즉, 샤프지수는 숫자가 클수록 좋다. 대체로 위험률은 펀드 수익률의 표준편차를 가져와서 사용한다. 표준편차 혹은 분산은 자산시장에서 위험을 나타내는 지표로 많이 쓰인다. 변동성을 나타내기 때문이다.

초과수익률은 펀드 수익률에서 무위험 채권 수익률을 뺀 값을 사용한다. 전혀 위험 요인이 없는 무위험 채권에 투자했을 때보다 위험자산(또는 펀드)에 투자했을 때 수익률이 얼마나 큰지 확인하는 것이다. 수식을 좀 더 구체적으로 표현하면 다음과 같다.

$$\text{샤프지수} = \frac{\text{펀드 수익률 - 국공채 수익률}}{\text{펀드 수익률의 표준편차}}$$

▶ 환헤지

환율은 각 나라 통화의 교환 비율을 말한다. 원·달러 환율(=달러·원 환율)이 1,400원이라면 1달러를 1,400원과 교환할 수 있다는 의미다. 헤지의 사전적 의미는 '울타리'로서, 경제 용어로는 위험에서 보호한다는 뜻으로 사용된다. 즉 환헤지란 환율 변동에 따른 위험을 회피하는 것을 말한다. 좀 더 구체적으로 말하면 환율 변동에 따른 위험에 대비해 환율을 현재 시점의 환율에 고정하는 것을 뜻한다.

미국 S&P500 지수를 추종하는 ETF에 투자한다고 가정해보자.

달러 환전 후 해외 계좌로 미국에 상장되어 있는 SPY ETF를 매수했다면 달러 환율과 상관없이 지수의 상승과 하락에 의해 평가액이 결정될 것이다.

이와는 달리, 한국에 상장된 미국 S&P500 지수를 추종하는 ETF를 매수한다고 가정해보자. 한국 시장에는 환헤지된 ETF와 환헤지되지 않은 ETF가 모두 상장되어 있다. 환헤지된 ETF 상품명에는 '(H)' 표시가 있고, 환노출된 ETF 상품명에는 표시가 없다(p.165 '나에게 맞는 ETF를 고르자' 참조).

환노출된 ETF의 경우 S&P500 지수의 상승과 하락에 환율의 상승과 하락이 곱해져서 평가액이 정해진다. 따라서 지수의 상승과 하락에 대한 결과만 추구하겠다면 환헤지 상품에 투자해야 하고, 지수의 상승과 하락에 더해서 환율까지 고려하고 싶다면 환노출 상품에 투자해야 한다.

그렇다면 상관계수와 관련한 포트폴리오 구성 측면에서 환헤지를 살펴보자. 한국 투자자로서 포트폴리오의 중심을 미국 국채에 두고 있다고 가정해보자. 경기가 좋을 때는 주가도 오르고 모두가 행복하지만, 경기가 좋지 않을 때는 주가 하락으로 고통스러운 시간을 보내게 된다. 그러나 포트폴리오를 미국 국채 중심으로 구성하면, 주가가 하락해도 미국 국채는 가격이 상승하기 때문에 주가 하락을 방어해주는 역할을 한다.

직장인이지만
공무원연금 받기로 했습니다

이때 미국 국채를 환노출로 설정하면 국채 가격 상승으로 인해 주가 하락을 막을 뿐만 아니라 환율도 상승하므로 이중 방어 능력을 갖추게 된다. 문제는 주식이다. 한국 주식에 투자한다면 환율은 관계없는 일이 될 것이다.

이 책에서 주로 다루는 것은 미국과 해외의 지수를 추종하는 ETF다. 이때 환노출 상품에 투자할지 환헤지 상품에 투자할지 고민이 필요하다. 결론부터 말하자면 선택의 문제다. 앞서와 같이 포트폴리오의 중심을 미국 국채로 둔다면 미국 주식은 환헤지로 투자하는 것이 맞다. 미국 국채 환노출과 상관계수가 낮은 것은 미국 주식 환헤지이기 때문이다.

하지만 전체 투자자산으로 관점을 확대하면 얘기가 조금 달라진다. 한국의 부동산을 포함해 원화 자산에 투자가 많이 되어 있다면 상대적으로 달러에 대한 투자분은 많지 않을 것이다. 따라서 이 경우에는 미국 주식을 환노출로 투자하는 것도 좋은 선택이다. 미국 주식의 경우 각자의 상황과 투자 성향에 맞추어서 투자하면 된다.

[환헤지 선택 정리]

- 포트폴리오 구성 시: 미국 주식(환헤지), 미국 국채(환노출)
- 원화 자산이 많은 경우 혹은 상승보다는 하락의 방어가 중요하다고 판단될 경우: 미국 주식(환노출), 미국 국채(환노출)

8장

자산을 배분하고
배분하고 또 배분하라

8장에서는 저자가 개발한 한국형 올웨더 포트폴리오 투자전략을 소개한다. 이 전략의 핵심은 시장의 변동성에도 꾸준히 수익을 내는 포트폴리오를 만드는 것이다. 이 결론을 이끌어내기 위해 분산투자가 얼마나 수익률 개선에 도움이 되는지 차근차근 설명한다. 주식, 채권, 금, 은, 원자재 등에 분산투자한 결과가 위험을 줄여 실적을 개선시켰음을 증명한다. 브리지워터 어소시에이츠 창립자가 고안한 올웨더 포트폴리오를 기반으로 저자는 개인연금과 퇴직연금에 활용 가능한 한국형 올웨더 포트폴리오를 만들어냈다. 이 포트폴리오만 따라 해도 연금 투자에서 높은 성과를 얻을 것이다.

왜 자산 배분이 중요한가?

"달걀을 한 바구니에 담지 말라."

너무나도 진부한 격언이다. 진부하다고 해서 무시해도 되는 것은 결코 아니다. 투자자들에게, 특히 초보 투자자들에게는 반드시 필요한 격언이다. 한곳에 투자했다가 잘못되면 전체를 잃어버리기 때문에 분산투자해서 위험을 줄이라는 의미다.

여기서 분산투자하라는 것은 종목을 나누어서 투자하라는 의미이기도 하고, 여러 유형의 자산으로 나누어서 투자하라는 의미이기도 하다. 이 책에서는 분산투자를 여러 유형의 자산에 배분해 투자하는 자산 배분의 의미로 사용하고자 한다.

자산 배분은 미국의 경제학자인 해리 마코위츠(Harry Max

Markowitz)의 현대 포트폴리오 이론에서 정립되었다. 마코위츠는 시카고대학에서 현대 포트폴리오 이론으로 박사 학위를 받았는데, 당시 박사 논문 심사를 맡은 밀턴 프리드먼이 혹평을 한 에피소드는 유명하다. 아이러니하게도 훗날 마코위츠는 현대 포트폴리오 이론의 업적을 인정받아 노벨경제학상을 받았다.

자산군을 혼합해 위험을 줄인다

마코위츠는 개별 자산의 위험보다는 포트폴리오 전체의 위험에 주목해야 한다고 했다. 간단하게 말해서 자산군을 적절하게 혼합하면 위험을 줄이고 수익은 극대화할 수 있다는 것이다.

[그림3-14] 현대 포트폴리오 이론의 개념도

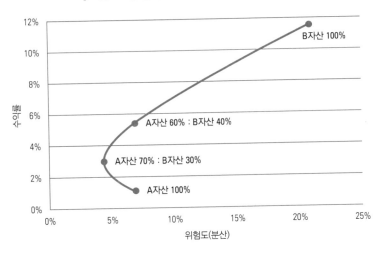

[그림3-14]는 현대 포트폴리오 이론의 개념도다. A는 위험도가 낮지만 기대수익률도 낮은 안전자산이고, B는 기대수익률이 높지만 그만큼 위험도가 높은 위험자산이다. A자산에 100퍼센트 투자하면 1퍼센트의 기대수익률과 7퍼센트의 위험도를 가진다. B자산에만 투자하면 11.5퍼센트의 기대수익률과 21퍼센트의 위험도를 가진다.

따라서 A자산에 60퍼센트를 투자하고 B자산에 40퍼센트를 투자하면 위험도는 A자산에 100퍼센트 투자한 것과 같이 7퍼센트가 되고, 기대수익률은 5퍼센트까지 상승하게 된다.

이렇듯 A자산과 B자산을 혼합해서 투자하면 기대수익과 위험이 선형적으로 변하지 않고 최적화된 구간을 가질 수 있다는 것이 현대 포트폴리오 이론의 핵심 내용이다. 달걀을 한 바구니(A자산 혹은 B자산에 100퍼센트 투자)에 담지 말라는 격언이 통계적으로도 증명된 것이다. 그림으로만 봐도 한 종목 또는 한 자산에 투자하는 것이 얼마나 어리석은 일인지 쉽게 확인된다.

시장 변화에도 끄떡없는 포트폴리오 만들기

[표3-11]은 1920년대에서 2010년대까지 10년 단위로 각 자산군의 가격 상승률을 표시한 것이다. 가격 상승률이 높은

[표3-11] 10년 단위 각 자산군의 가격 상승률

	1920년대	1930년대	1940년대	1950년대	1960년대	1970년대	1980년대	1990년대	2000년대	2010년대
주식	18%	0%	4%	16%	5%	-2%	11%	14%	-2%	11%
채권	16%	39%	24%	-9%	-6%	-4%	7%	7%	7%	7%
금	1%	8%	-4%	-3%	-2%	21%	-7%	-6%	12%	0%
은	-5%	-1%	2%	0%	4%	18%	-17%	-3%	10%	-3%
원자재	-3%	0%	3%	-2%	-1%	7%	-6%	-1%	9%	-2%

자산군이 시대마다 달랐음을 알 수 있다. 즉 가격이 꾸준히 상승하기만 했던 자산군은 없다.

이런 변화들을 정확하게 알아맞힐 수 있는 사람이 있다면 아마 자산 배분은 필요 없을 것이다. 하지만 투자의 대가들도 이런 변화는 맞힐 수가 없다. 한두 번은 가능하겠지만, 지속적으로 알아맞히기란 불가능에 가깝다.

[그림3-15]는 1960년대부터 2010년대까지 10년 단위로 가격 상승률이 가장 컸던 투자 테마를 나타낸 것이다. 앞서 살펴본 자산군과 마찬가지로, 가격이 상승한 투자 테마는 시대별로 다르게 나타난다. 바로 이 점이 우리가 자산을 배분해 분산투자해야 하는 이유다. 어떤 경제 상황이 발생해도 대응할 수 있도록 준비하는 자세가 필요하다는 의미다.

200

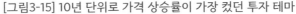

[그림3-15] 10년 단위로 가격 상승률이 가장 컸던 투자 테마

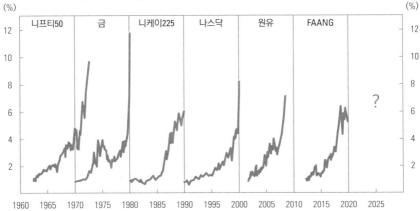

- 니프티50(Nifty Fifty): 미국 뉴욕 증시에 상장되어 1969년부터 1973년까지 시장을 주도했던 50종목
- 니케이225: 산업별 225개 종목으로 구성된 일본 시장 대표 지수
- 나스닥: 벤처기업들이 상장되어 있는 미국 장외시장
- FAANG: 미국 IT 산업을 선도하는 페이스북, 아마존, 애플, 넷플릭스, 구글

*자료: Alpine Macro

테마별로 자산을 배분하라

[그림3-16] 은 1987년부터 2022년 8월까지 원유(WTI)에 투자했을 때의 누적 실적이다. [그림3-15] 에서 보았던 원유 투자 실적의 그 후 결과를 알 수 있는 그래프다.

2008년 6월 정점을 찍은 원유 가격은 금융위기를 겪으면서 곤두박질쳤고, 이후 상승과 하락을 거쳤다. 그러다 2020년 팬데믹 쇼크 때는 마이너스 유가라는 초유의 사태까지 벌어졌다. 그리고 14년이 지난 2022년에도 전고점을 회복하지 못했다.

[그림3-16] 원유 투자 실적(1987~2022)

(달러)

*자료: 포트폴리오 비주얼라이저

[그림3-15]에 나타난 나머지 테마들도 유사한 길을 걸었다. 이렇듯 너무 많은 사람이 몰리는 테마는 대체로 10~20년간 원금을 회복하지 못한다. 테마에 휘둘리지 않고, 한 자산에 '몰빵'하지 않고 자산을 여러 곳에 적절하게 배분한다면 시장의 변화에도 흔들리지 않는 포트폴리오 투자가 될 것이다.

주식과 채권의 조합은 어떻게?

자산 배분에서 가장 중요한 개념은 상관계수다. 상관계수가 낮은 자산군들을 조합해 변동성을 낮추는 것이 핵심 중의 핵심이다.

상관계수는 두 자산의 가격이 얼마나 유사하게 움직이는지를 나타내는 지표다. A자산의 가격이 오를 때 B자산도 같이 오르면 상관계수가 1에 가깝고, A자산의 가격이 오를 때 반대로 B자산은 내리면 상관계수는 -1에 가깝다. 즉, 두 자산이 얼마나 유사하게 움직이느냐에 따라 -1에서 1의 값을 갖는다. 1은 동일하게 움직이는 것을 뜻하고, -1은 반대로 움직이는 것을 뜻한다.

[그림3-17] 2개의 자산으로 이루어진 포트폴리오 개념도

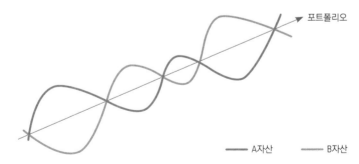

상관계수 낮은 자산군을 묶어라

[그림3-17]은 음의 상관계수를 나타내는 두 자산으로 구성된 포트폴리오의 개념도다. A자산과 B자산 각각은 상승과 하락을 반복하는 반면, 두 자산을 혼합해놓은 포트폴리오는 변동성이 극적으로 줄어드는 것을 알 수 있다. 이렇듯 변동성을 줄이고 이익을 극대화하기 위해서는 상관계수가 낮고 우상향하는 자산군을 포트폴리오에 다양하게 포함하는 것이 좋다. 상관계수가 낮은 대표적인 자산군이 주식과 채권이다.

1992년 5월부터 2022년 8월까지 미국 주식과 채권에 투자한 사례를 살펴보자. [그림3-18]은 주식(포트폴리오1)과 채권

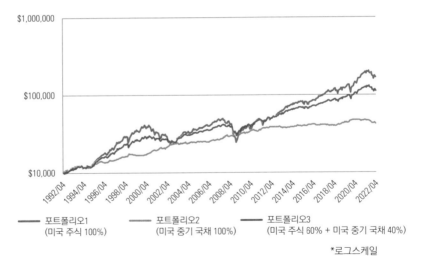

[그림3-18] 주식 vs 채권 vs 주식·채권 혼합의 실적 비교(1992/05~2022/08)

ㅡㅡ 포트폴리오1
(미국 주식 100%)

ㅡㅡ 포트폴리오2
(미국 중기 국채 100%)

ㅡㅡ 포트폴리오3
(미국 주식 60% + 미국 중기 국채 40%)

*로그스케일

(포트폴리오2), 그리고 주식과 채권을 6:4로 혼합한 포트폴리오(포트폴리오3)의 실적을 보여준다.

[표3-12]에서 보는 바와 같이 두 자산의 상관계수는 -0.14로 낮다. 수익률은 주식에만 투자한 경우 9.75퍼센트, 주식과 채권을 혼합한 경우는 8.29퍼센트로, 1.46퍼센트포인트 정도의 차이를 보인다.

그러나 최대낙폭은 주식에만 투자 시 -50.89퍼센트이며, 채권을 혼합한 경우는 -27.97퍼센트로, 무려 23퍼센트포인트가량 감소했다. 즉, 주식과 채권을 혼합한 경우 수익률은 비슷했으나 위험은 대폭 줄이는 효과를 얻을 수 있었다. 이처럼 상관계수가 낮은 자산군으로 포트폴리오를 구성하면 비슷한 수익률을 추구하면서 위험을 낮추거나, 동일한 위험 수준에서 수익률을 높이는 효과를 얻을 수 있다.

[표3-12] 주식 vs 채권의 실적 및 상관계수(1992/05~2022/08)

	연환산 수익률(%)	최고의 해(%)	최악의 해(%)	최대낙폭(%)	상관계수 (미국 주식 대비)
포트폴리오1	9.75	35.79	-37.04	-50.89	1.00
포트폴리오2	4.89	20.44	-8.26	-10.62	-0.14
포트폴리오3	8.29	29.65	-16.89	-27.97	0.97

올웨더 포트폴리오 투자전략

연금 투자의 근간에는 올웨더 포트폴리오라고 하는 실천적 투자법이 자리하고 있다. 여기서는 올웨더 포트폴리오에 대해 알아보자.

올웨더 포트폴리오는 '사계절 포트폴리오'라고도 하는데, 이것은 자산시장의 네 가지 날씨 변화에 대응할 수 있는 투자법이라는 의미다. 인플레이션과 경제 성장이 각각 높을 때와 낮을 때, 즉 4개 국면에서 모두 작동하는 포트폴리오로서, 어떤 계절이 와도 크게 신경 쓰지 않고 투자할 수 있는 방법이다.

이는 세계 최대 헤지펀드 회사인 브리지워터 어소시에이츠 창립자 레이 달리오(Ray Dalio) 회장이 만들어낸 전략인데, 원래 포트폴리오의 상세한 구성은 알려져 있지 않았다. 그런 가운데 미국 작가 토니 로빈스(Tony Robbins)가 쓴 《Money 머니》라는 책에서 일반인을 위한 간소화된 올웨더 포트폴리오가 공개되었다.

《Money 머니》에는 토니 로빈스가 레이 달리오 회장에게 얼마나 집요하게 올웨더 포트폴리오에 대해 알려달라고 했는지가 재미있게 그려져 있다. 그 집요함 덕분에 이렇게 멀리 떨어진 우리도 그 구성을 알게 되었다. 세상에 알려진 올웨더 포트폴리오 구성은 [표3-13] 과 같다.

[표3-13] 올시즌즈 포트폴리오 자산 비중

자산	주식	채권		실물	
		단기 채권	장기 채권	금	상품(원자재)
비중(%)	30	15	40	7.5	7.5
	30	55		15	

3:5:2 구성을 기억하라

올웨더 포트폴리오는 쉽게 말해 주식:채권:실물(상품) 자산을 3:5:2로 구성하는 것이라고 보면 된다. 실제 브리지워터에서 운용하는 올웨더 포트폴리오는 이보다 좀 더 구체적이고 복잡하다. 그래서 실제 포트폴리오와《Money 머니》에서 소개한 간소화된 포트폴리오를 구별하기 위해, 후자에서 소개한 것을 '올시즌즈 포트폴리오'라고 부른다.

정리하면 올시즌즈 포트폴리오는 가격 변동성이 큰 금과 상품은 비중을 작게 하고, 가격 변동성이 작은 채권은 비중을 크게 해서 각 자산이 전체 포트폴리오에 미치는 영향을 균등하게 맞추는 전략이다. 그래서 이를 '위험 균등(risk parity) 전략'이라고도 부른다.

[그림3-20] 은 자산시장의 변화에 따라서 가격이 상승하는 자산을 과거 데이터로부터 도출해 분류한 지도다. 이것을 기

[그림3-20] 경제 환경에 따른 자산 배분 지도

시장 기대치	성장	인플레이션
상승	25% 위험 • 주식 • 신흥국 채권 • 상품 • 회사채	25% 위험 • 물가연동 채권 • 상품 • 신흥국 채권
하락	25% 위험 • 채권 • 물가연동 채권	25% 위험 • 주식 • 채권

반으로 레이 달리오 회장은 앞서와 같은 포트폴리오 자산 비중을 일반인에게 추천했다.

이제 올시즌즈 포트폴리오의 실적을 살펴보자. [그림3-21]은 미국 상장 ETF 상품으로 올시즌즈 포트폴리오를 구성한 것이다. 2007년 1만 달러를 투자했을 때 2022년 1월에 누적 금액이 얼마나 되는지 보여준다. 연환산 수익률 7.69퍼센트로, 15년간 1만 달러는 3만 1,000달러가 되었다(표3-14 참조). 대박을 터트리지는 않았지만 걱정 없이 믿고 투자할 만큼의 성과는 거두었다.

한국형 올웨더 포트폴리오 투자전략

나는 레이 달리오 회장의 올웨더(올시즌즈) 포트폴리오 전략

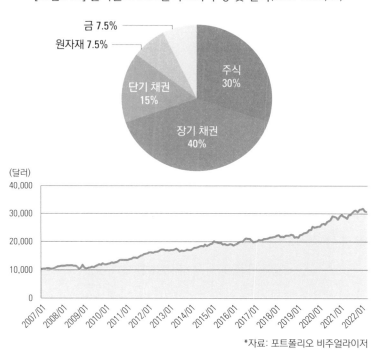

[그림3-21] 올시즌즈 포트폴리오의 구성 및 실적(2007~2022/01)

금 7.5%
원자재 7.5%
단기 채권 15%
주식 30%
장기 채권 40%

(달러)

*자료: 포트폴리오 비주얼라이저

[표3-14] 올시즌즈 포트폴리오 실적(2007~2022/01)

연환산 수익률(%)	최고의 해(%)	최악의 해(%)	최대낙폭(%)	샤프지수
7.69	18.28	-3.63	-11.98	0.93

을 한국 주식시장에 상장된 ETF로 구성해보았다. 이른바 '한국형 올웨더 포트폴리오'다. 특히 연금저축 계좌와 퇴직연금

계좌에서 운용할 수 있도록 구성했다.

연금저축 계좌는 올웨더 포트폴리오 전략을 위한 ETF 구성이 쉬웠다. 하지만 퇴직연금의 경우는 상대적으로 투자에 제약이 많아서 원하는 포트폴리오를 구성하기가 여간 까다롭지 않았다.

예를 들어 포트폴리오 구성 측면에서 보면 미국 장기 국채는 환노출 상품이 필요하지만 2022년 8월 현재 아직 국내에는 해당 상품이 없다. 또한 미국 국채 모두 현물ETF도 없기 때문에 포트폴리오에 미국 국채를 포함할 수 없다. 향후 이런 상품이 출시되면 바꾸어서 투자하면 된다.

[표3-15]는 연금저축에서 투자 가능한 ETF로 한국형 올웨더 포트폴리오를 구성한 것이고, [표3-16]은 퇴직연금(DC형·IRP)에서 투자 가능한 ETF로 한국형 올웨더 포트폴리오를 구성한 것이다. 초보 투자자라면 이대로 따라 하면 된다.

조금 경험이 쌓인다면 여기에 제시된 대로 할 필요는 없다. 자산군의 비율은 지키되, 구성 요소들은 자신에게 맞추어서 수정해도 된다. 다만 그때는 과거 데이터들을 통해 실적을 살펴보고 할 것을 권장한다. 한국형 올웨더 포트폴리오의 실적 점검과 실전 투자전략은 4부에서 다룰 예정이다.

[표3-15] 한국형 올웨더 포트폴리오(연금저축형) 구성

자산군	구성	해당 ETF	비율(%)	
주식	글로벌 주식	KODEX 선진국 MSCI WORLD	12.0	30.0
	미국 S&P500	TIGER 미국 S&P500 선물(H)	9.0	
		TIGER 미국 S&P500		
	미국 나스닥	TIGER 미국 나스닥 100	9.0	
채권	미국 중기 채권	TIGER 미국채 10년 선물	20.0	50.0
	미국 장기 채권	KODEX 미국채울트라30년선물(H)	30.0	
실물	미국 리츠(부동산)	TIGER 미국 MSCI리츠(합성H)	12.5	20.0
	금	ACE KRX 금현물	7.5	
		KODEX 골드선물(H)		
합계			100.0	100.0

[표3-16] 한국형 올웨더 포트폴리오(퇴직연금형(DC형·IRP)) 구성

자산군	구성	해당 ETF	비율(%)	
주식	이머징 주식	KODEX 200미국채혼합	33.0 (한국 주식: 13.2)	30.2
	미국 S&P 500	TIGER 미국 S&P 500	9.0	
		KODEX 미국S&P500TR		
	미국 나스닥	KODEX 미국나스닥100TR	8.0	
채권	미국 중기 채권	KODEX 200미국채혼합	(미국채10년: 19.8)	49.8
	미국 장기 채권	ARIRANG 미국장기우량회사채	30.0	
실물	미국 리츠(부동산)	TIGER 미국 MSCI리츠(합성H)	12.5	20.0
	금	ACE KRX금현물	7.5	
합계				100.0

9장

연금 계좌
개설하기

9장부터는 실제로 연금 계좌를 개설해서 포트폴리오를 구성해본다. 개인연금 또는 퇴직연금에 가입하기 위해서는 계좌 개설이 필수다. 9장에서는 연금 계좌 개설 방법, 연금저축보험 및 연금저축신탁을 연금저축펀드로 이전하는 연금 계좌 이전 방법을 친절히 설명한다. 실제 증권사 앱을 다운로드받아 계좌를 열거나 이전하는 시뮬레이션을 따라 해보자. 이때 중요한 것은 기존의 연금저축보험 및 신탁이 있다면 반드시 '이전하기'를 이용하는 것이다. 그래야 기존 계좌의 납입 기간이 유효하다.

신규 계좌 개설하는 방법

　주식 거래를 하려면 계좌가 필요하듯이 연금저축펀드에 가입해서 운용을 하려면 가장 먼저 해야 할 것이 계좌 개설이다. 거래할 증권사는 기존에 주식 계좌를 개설한 곳을 선택해도 좋고, 수수료 행사를 하는지 등등 몇몇 사항을 확인해보고 선택하는 것이 좋다.

　최근에는 비대면 계좌 개설이 일반화되어 있다. 주식 계좌도 그렇지만, 연금 계좌도 영업점 방문 개설보다 비대면 계좌 개설이 일반적으로 수수료가 저렴하다.

[그림3-22] 증권사 앱 설치와 계좌 개설 준비

[그림3-22]는 구글 앱스토어에서 증권사 앱을 설치하는 과정을 나타낸 것이다. 증권사 앱을 설치하면 계좌 개설 안내를 받을 수 있다. 준비물은 신분증, 은행 계좌, 휴대폰이다.

연금저축펀드 계좌는 개인연금 항목에서 개설하면 되는데, 연금저축이 처음일 경우 '신규용'을 선택하면 된다. 연금저축보험에서 연금저축펀드로 이전할 때는 '이전용' 계좌 개설을 해야 한다. 그래야 개설 시점을 연금저축보험을 개설했던 시점으로 인정받을 수 있다. 한편 증권사 앱에서 개인형 퇴직연금(IRP)도 개설이 가능하다.

[그림3-23] 연금 계좌 개설 과정

계좌 유형을 선택하면 약관 동의와 신분증 촬영, 비밀번호를 등록하는 과정을 거치게 된다(그림3-23 참조). 여기서도 확인할 수 있듯이 '다이렉트'(비대면) 계좌 개설이 수수료 면에서 유리하다.

여기까지 마치고 나면 계좌 개설 시에 등록했던 본인의 은행 계좌로 1원이 입금된다. 입금자명에 있는 숫자를 확인한 후 이것을 증권사 앱에 인증번호로 입력하면 개설 과정은 마무리된다. 본인의 SNS로 계좌 개설 확인 및 이용 안내까지 친절하게 보내준다.

연금 계좌 이전하는 방법

연금저축신탁(은행)이나 연금저축보험(보험사)에서 연금저축펀드(증권사)로 이전할 경우 계좌를 개설할 때 신규용이 아니라 이전용을 선택해야 한다. [그림3-23]에서 개설 시에 '이전용 개설하기'를 누르면 된다. 기존에 가입되어 있던 연금저축의 납입 기간을 그대로 가져올 수 있으므로 반드시 이전용으로 개설해야 한다.

[그림3-24] 연금 계좌 이전 과정

예전에는 은행(또는 보험사)과 증권사 두 군데를 모두 방문해서 이전과 개설 신청을 별도로 해야 했지만, 지금은 이전받을 증권사에서 한 번만 신청하면 된다. 그것도 비대면으로 터치 몇 번이면 가능하다.

[그림3-22]에서 [그림3-23]까지의 과정을 마쳐서 계좌 개설이 완료되었다면 [그림3-24]와 같이 계좌 이전을 신청한다. 이전에 가입했던 연금저축의 금융기관과 계좌번호 입력만으로 쉽게 할 수 있다. 그러고 나면 현재 가입되어 있는 금융기관에서 이전 신청한 것이 맞는지 확인하는 전화가 온다. "그렇다."고 간단하게 대답하면 된다. 이후 이전을 받는 금융기관(증권사)에서 한 번 더 전화가 온다. 이번에도 이전하는 것이 맞다고 대답하면 된다. 당일 또는 다음 날 바로 처리된다.

10장

연금 계좌에서
매매하기

9장에서 연금 계좌를 개설했으니 10장에서는 연금 계좌에서 사고파는 법을 알아본다. 원래 별도였던 주식 계좌 앱과 연금 계좌 앱이 2022년 7월 이후 하나로 통합되었다. 본문에서는 모바일 앱 시뮬레이션으로 연금을 매매하는 방법을 살펴본다. 실적 개선을 위해서는 주기적으로 포트폴리오 리밸런싱을 할 필요가 있는데, 그 의미와 방법 또한 자세히 살펴본다.

연금 계좌에서 사고파는 법

2017년부터 연금 계좌에서 ETF 투자가 가능해졌다. 나는 이것을 기점으로 단군 이래 연금으로 부자 되기 가장 좋은 시대가 열렸다고 생각한다. 다양한 자산군으로 포트폴리오를 직접 운용하는 것이 가능해졌기 때문이다.

그러나 마냥 기뻐할 일만은 아니다. 투자에 어려움이 많기 때문이다. 증권사의 연금 계좌를 위한 시스템이 잘 갖추어져 있지 않은 것은 그런 어려움 중 하나다. 2017년 이전에는 펀드에만 가입했으므로 시스템의 중요성이 낮았다. 하지만 이제는 ETF 거래가 가능해졌으므로 손쉽게 사고파는 것도 중요한 요소가 되었다.

직접 운용하는 연금저축펀드나 퇴직연금(DC형, IRP)의 규모가 아직 크지 않아서 일반 주식 투자에 비해 매매 시스템이 열악한 게 사실이다. 이런 아쉬운 점들은 연금 시장 규모가 커지면서 점점 좋아질 것으로 기대한다. 이번 장에서는 연금 계좌에서 ETF를 매매하는 방법에 대해 알아보자.

[그림3-25]에서 왼쪽은 일반 주식 거래를 위한 앱과 연금 거래를 위한 앱, 두 가지를 나타낸다. 원래 주식 계좌와 연금 계좌는 별도 앱을 사용했으나, 2022년 7월에 국내 주식, 해외 주식, 연금 및 금융상품 앱을 통합함으로써 이제는 그림의 오른쪽과 같이 하나의 앱으로 모든 거래를 할 수 있게 되었다.

[그림3-25] 미래에셋증권 주식 계좌용 앱과 연금 계좌용 앱

[그림3-26] 모바일 통합 앱(M.Stock)에서 계좌 조회

[그림3-26]은 통합 앱에서 계좌를 조회한 화면이다. 계좌가 여러 개일 경우 거래할 계좌를 정확하게 선택하자.

[그림3-27] 통합 앱(M.Stock)의 ETF 매매

계좌를 선택하고 나면 [그림3-27]에서와 같이 '투자하기'
의 '연금' 항목에서 '연금ETF매매'를 터치한다. 그러면 연금
계좌로 투자 가능한 ETF 종목들이 화면에 표시된다. 그중에
서 특정 종목을 선택하면 [그림3-28]처럼 매매할 수 있는 화
면으로 바뀐다.

매매 과정은 일반 주식 거래와 동일하다. 화면 상단에서 매
수 또는 매도를 선택한 다음, 가격을 정한다. 가격은 '보통'이
나 '시장가' 중에서 하나를 선택해야 하는데, '보통'은 가격을
본인이 직접 정하는 것이고, '시장가'는 말 그대로 거래가 체

[그림3-28] 통합 앱(M.Stock)의 매수/매도

결되는 시장 가격을 말한다.

'보통'을 선택한 경우 자신이 정한 가격이 맞지 않으면 거래가 이루어지지 않고, '시장가'를 선택하면 자동으로 거래가 이루어진다. 빠른 거래를 위해 아무래도 '시장가'는 매수 시 비싼 가격에, 매도 시에는 싼 가격에 체결된다. 가격을 정한 뒤 수량을 지정하거나 잔액으로 살 수 있는 최대 수량을 선택한 다음 매수 혹은 매도 버튼을 누르면 거래는 완료된다.

연금 계좌에서 매매 가능한 ETF

연금 계좌는 투자 가능한 ETF가 제한되어 있다. 개인연금인 연금저축펀드는 레버리지ETF와 인버스ETF 투자가 불가능하고, 퇴직연금의 경우 여기에 더해 선물ETF도 투자가 불가능하다.

또한 퇴직연금은 주식 관련 위험평가액이 40퍼센트 이상인 ETF는 70퍼센트까지만 투자가 가능하다. 요컨대 주식 관련 ETF에 70퍼센트, 채권이나 현금성자산 관련 ETF에 30퍼센트를 투자해야 한다는 것이다.

[표3-17]은 연금 계좌별 투자 제약 사항을 정리한 것이다. 레버리지ETF나 인버스ETF의 경우 위험하므로 연금 계좌에서 운용하지 못하게 한 점은 일부 납득이 된다. 그러나 퇴직연금 계좌에서만 선물 투자를 못 하게 하거나 채권이나 현금성자산 등의 안전자산에 무조건 30퍼센트를 투자하도록 한 것은 과하다는 생각을 지울 수 없다.

[표3-17] 연금 계좌별 투자 제약 사항

	선물	레버리지·인버스 ETF	리츠	위험자산 투자 한도
개인연금	가능	불가	가능	100%
퇴직연금	불가	불가	가능	70%

몇 년 전 나는 퇴직연금 계좌에서 ETF로 포트폴리오를 구성하고자 상당한 노력을 기울였다. 하지만 그런 제한 때문에 원하는 포트폴리오 구성이 불가능했다. 그래서 ETF 대신 비슷한 펀드 상품을 찾아보는 등 많은 노력을 기울였지만 결국 입맛에 맞는 포트폴리오를 구성하지 못했다. 가장 큰 문제는, 퇴직연금의 경우 선물 투자가 불가능해서 미국 국채에 투자할 수 없다는 것이었다. 미국 국채는 국내에 선물ETF만 출시되어 있기 때문이다.

연금 투자 시장의 뚜렷한 확장세

스트레스가 상당했었는데 2021년 연말 'KODEX 200미국채혼합' 상품을 퇴직연금에서 100퍼센트 투자할 수 있게 되면서 답답했던 부분은 많이 해소되었고, 그게 이 책을 쓰게 된 동기가 되었다. 비로소 퇴직연금에서도 포트폴리오 구성이 가능해졌기 때문이다. 그렇게 해서 탄생한 것이 앞서 소개한 한국형 올웨더 포트폴리오(퇴직연금형)다.

앞으로 미국 국채 현물ETF가 출시되거나 퇴직연금에서 선물 투자 제한이 풀리면 포트폴리오를 구성하기가 조금 더 편해질 것이다. 연금 투자 시장은 점차 확장되고 있고 향후 더욱 활성화될 것이므로 투자 가능한 상품이 늘어나고 제약은 사라질 것으로 기대한다.

[Tip] 선물·레버리지·인버스 ETF & 리츠

선물(Future)
미래 일정 시점에 미리 정해진 가격으로 거래할 것을 현재 시점에 약속하는 거래. 추수기에 거래할 가격을 미리 정해서 계약해 놓는, 소위 '밭떼기'와 동일한 개념이다. 현물로 거래하기 힘든 상품이나 거래 규모·거래 시간 등의 제약이 많은 경우 선물 거래를 한다.

레버리지(Leverage)
사전적 의미는 '지렛대'로, 원 지수의 2배 또는 3배 등의 배수로 움직이는 ETF를 말한다. 상승과 하락 폭이 큰 만큼 위험 상품이다.

인버스(Inverse)
'반대'라는 뜻으로, 원 지수와 반대로 움직이는 ETF.

리츠(Real Estate Investment Trusts: REITs)
부동산 투자신탁. 부동산이나 부동산 관련 지분에 투자하여 발생한 수익을 투자자에게 배당하는 상품.

개인적으로는 안전을 위해 제한을 둘 것이 아니라, 오히려 다양하게 투자할 수 있는 여건을 조성함으로써 안전을 꾀하는 방향으로 변화해야 한다고 본다. 그것이 포트폴리오 투자의 핵심이기 때문이다.

어쨌든 상황이 이렇다 보니 연금저축 계좌와 퇴직연금 계좌에서 투자 가능한 ETF를 확인해야 한다. ETF를 출시하는 자산운용사 홈페이지에서 확인할 수 있으나, 실제 매매는 증권사에서 하게 되므로 각 증권사에서 취급하는 ETF 목록 확인이 추가로 필요하다.

미래에셋증권의 경우 공식 블로그를 통해 개인연금·퇴직연금의 매매 가능 ETF 목록을 엑셀 파일로 공개하고 있다(부록 참조). 2022년 5월 말 기준 미래에셋증권에서 거래 가능한 ETF 종목은 개인연금 489개, 퇴직연금은 449개다. 투자 한도와 수익률 등이 표시돼 있어서 종목 선정에 도움이 된다.

매매의 기준, 리밸런싱

여러 주식이나 자산군으로 포트폴리오를 구성해 투자를 하면 가격 변동에 의해 구성 종목의 포트폴리오 내 비중이 변화하게 된다. 예를 들어 연초에 주식에 60퍼센트, 채권에 40퍼센트 투자했다고 가정해보자. 6개월이 지나서 확인해보니 주식은 50퍼센트가 되어 있고 채권도 50퍼센트 비중이 되어 있다.

이때 다시 처음 비중인 주식 60퍼센트, 채권 40퍼센트로 맞추는 것을 '리밸런싱(rebalancing)'이라고 한다. 말 그대로 밸런스를 다시 맞춘다는 뜻이다. 이것은 오른 자산은 내리고 내린 자산은 오르게 마련인 자산시장의 특성을 이용하는 것이다.

리밸런싱 않고 가만두면 수익률은?

[표3-18]은 올시즌즈 포트폴리오를 연간 1~4회 리밸런싱한 경우를 비교한 것이다. 리밸런싱을 하지 않았을 때보다 수익률이 높아지고, 위험 대비 수익률을 나타내는 샤프지수 또한 높아진 것을 확인할 수 있다.

리밸런싱은 기간을 설정하여 기계적으로 하거나, 경기 상황 혹은 종목별 수익률을 감안해 유기적으로 판단해서 할 수도 있다. 이때 고려해야 할 것은 아무래도 거래비용이다. 수익률을 높이기 위해 리밸런싱을 하는 것인데, 잦은 거래가 오히려 수익률을 갉아먹을 수 있기 때문이다.

리밸런싱 기간은 딱 정해진 것이 없다. 자신의 포트폴리오나 투자 성향에 맞추어서 하면 된다. 참고로 이 책에서 소개한 한국형 올웨더 포트폴리오는 연간 1회만 리밸런싱을 해도 충분하다(부록 5번 리밸런싱 엑셀 파일 참조).

직장인이지만
공무원연금 받기로 했습니다

[표3-18] 리밸런싱 주기에 따른 실적 비교, 올시즌즈 포트폴리오(2007~2022/05)

	연환산 수익률(%)	표준편차 (%)	최고의 해 (%)	최악의 해 (%)	최대낙폭 (%)	샤프지수
No 리밸런싱	6.07	7.56	19.44	−13.83	−14.60	0.71
연간 리밸런싱	6.42	7.08	18.30	−9.71	−14.75	0.80
반기 리밸런싱	6.56	7.07	18.15	−9.71	−14.07	0.82
분기 리밸런싱	6.53	7.17	18.43	−10.30	−15.92	0.81

PART 4

연금 투자
무작정 따라 하기 실전편

11장

연금 계좌
실전 투자전략

11장에서는 8장에서 살펴본 한국형 올웨더 포트폴리오 전략을 바탕으로 실제 운용 가능한 포트폴리오들을 소개한다. 그대로 따라 해도 될 정도로 충분히 검증된 포트폴리오들이다. 포트폴리오는 크게 연금저축형과 퇴직연금형으로 구분했고 10년 이상의 실적 및 샤프지수를 정리했다. 주식, 채권, 실물을 3:5:2의 비율로 맞추었고, 주식과 채권은 미국을 중심으로 한 선진국 지수를 추종하는 EFT, 실물은 주로 부동산과 금으로 구성했다.

개인연금 투자전략

연금저축펀드는 자신이 직접 ETF를 매매하면서 운용할 수 있다. 앞서 살펴보았던 자산 배분 전략인 올웨더 포트폴리오를 떠올려보자. 핵심 내용은 주식:채권:실물(상품)을 3:5:2로 투자하는 것이었다. 여기서는 조금 더 세분화하여 실제 운용할 포트폴리오를 소개하려고 한다.

[표4-1]은 국내에 상장된 ETF로 구성한 한국형 올웨더 포트폴리오로서, [표3-15]를 옮겨놓은 것이다. 이 포트폴리오의 실적을 살펴보자. 실제 연금을 운용할 때 이 포트폴리오를 그대로 따라 해도 된다. 더 나아가 이를 통해 자신에게 맞는 연금저축펀드 투자전략도 세워볼 수 있을 것이다.

[표4-1] 한국형 올웨더 포트폴리오(연금저축형) 구성

자산군	구성	해당 ETF	비율(%)	
주식	글로벌 주식	KODEX 선진국 MSCI WORLD	12.0	30.0
	미국 S&P500	TIGER 미국 S&P500 선물(H)	9.0	
		TIGER 미국 S&P500		
	미국 나스닥	TIGER 미국 나스닥 100	9.0	
채권	미국 중기 채권	TIGER 미국채 10년 선물	20.0	50.0
	미국 장기 채권	KODEX 미국채울트라30년선물(H)	30.0	
실물	미국 리츠(부동산)	TIGER 미국 MSCI리츠(합성H)	12.5	20.0
	금	ACE KRX 금현물	7.5	
		KODEX 골드선물(H)		
합계			100.0	100.0

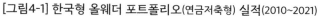

[그림4-1] 한국형 올웨더 포트폴리오(연금저축형) 실적(2010~2021)

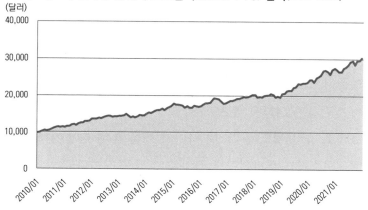

(달러)

[표4-2] 한국형 올웨더 포트폴리오(연금저축형) 실적(2010~2021)

연환산 수익률(%)	최고의 해(%)	최악의 해(%)	최대낙폭(%)	샤프지수
9.74	20.30	-2.69	-8.11	1.34

[표4-2]는 2010년부터 2021년까지 한국형 올웨더 포트폴리오(연금저축형)의 실적을 나타낸 것이다. 연환산 수익률은 9.74퍼센트에 달한다. 최대낙폭은 -8.11퍼센트로 낮은 수준이다. 샤프지수는 1.34로 1을 넘어선다. 1.34는 상당히 높은 수치로, 샤프지수 1을 넘는 전략은 찾기가 쉽지 않다. [그림4-1]에서 보듯 수익이 꾸준히 우상향하고 있다. 2010년 1월에 투자한 1만 달러는 2021년 말 3만 달러를 넘어선 것을 그래프로 확인할 수 있다.

그렇다면 한국형 올웨더 포트폴리오(연금저축형)의 실적인 9.74퍼센트로 월 50만 원(연간 600만 원)을 25년간 지속 납부한다면 금액은 얼마나 될까? 무려 6억 4,000만 원에 이른다. 물론 앞으로 25년간 9.74퍼센트가 지속되리라는 보장은 없다. 하지만 이런 정적 자산 배분 전략은 적어도 7~9퍼센트 정도의 수익은 기대할 수 있다.

퇴직연금 투자전략

퇴직연금(DC형·IRP)도 연금저축펀드와 마찬가지로 개인이 직접 ETF를 매매하면서 운용할 수 있다. [표4-3]은 퇴직연금 (DC형·IRP)을 위한 한국형 올웨더 포트폴리오로서, [표3-16] 을 그대로 옮겨놓은 것이다.

앞서 살펴보았듯 퇴직연금은 연금저축에 비해 제한이 많다. 제약 조건으로 인해 연금저축형 올웨더 포트폴리오와 차이 나는 점은 글로벌 주식에서 이머징 주식으로 변경한 것과, 미국 장기 채권을 미국 장기우량회사채로 변경한 부분이다.

KODEX 200미국채혼합은 한국의 대표 지수인 KOSPI200과 미국 국채 10년물(환노출)에 4:6 비율로 투자하는 상품이다. 예를 들어 KODEX 200미국채혼합에 33퍼센트를 투자하면 한국 KOSPI200에 13.2퍼센트, 미국채 10년 선물에 19.8퍼센트가 투자된다.

선물 투자 제한 때문에 미국 국채 10년 선물은 단독 ETF로는 퇴직연금에서 투자할 수 없다. 하지만 KODEX 200미국채 혼합 형태로는 투자가 가능하다. 미국 국채 10년 선물ETF에 직접투자는 불가능하고 혼합 상품에는 투자가 가능하다는 것이 쉽게 이해되지 않는다. 만약 미국 국채 10년물과 30년물의 투자가 가능해진다면 연금저축펀드와 동일한 포트폴리오를

[표4-3] 한국형 올웨더 포트폴리오(퇴직연금형(DC형·IRP)) 구성

자산군	구성	해당 ETF	비율(%)	
주식	이머징 주식	KODEX 200미국채혼합	33.0 (한국 주식: 13.2)	30.2
	미국 S&P 500	TIGER 미국 S&P 500	9.0	
		KODEX 미국S&P500TR		
	미국 나스닥	KODEX 미국나스닥100TR	8.0	
채권	미국 중기 채권	KODEX 200미국채혼합	(미국채10년: 19.8)	49.8
	미국 장기 채권	ARIRANG 미국장기우량회사채	30.0	
실물	미국 리츠(부동산)	TIGER 미국 MSCI리츠(합성H)	12.5	20.0
	금	ACE KRX금현물	7.5	
합계				100.0

구성하면 된다.

[표4-4]는 2010년부터 2021년까지 퇴직연금 올웨더 포트폴리오의 실적을 나타낸 것이다. 연환산 수익률 9.25퍼센트에 최대낙폭은 -9.42퍼센트다. 샤프지수도 1.07로, 1을 넘어서 좋은 결과다. [그림4-2]는 한국형 올웨더 포트폴리오 퇴직연금형의 실적 그래프에 해당한다. 2010년 1월에 1만 달러를 투자했다면 2021년 말에 2만 9,000달러의 실적을 얻을 수 있었다.

그렇다면 한국형 올웨더 포트폴리오 퇴직연금형의 실적인

[그림4-2] 한국형 올웨더 포트폴리오(퇴직연금형) 실적(2010~2021)

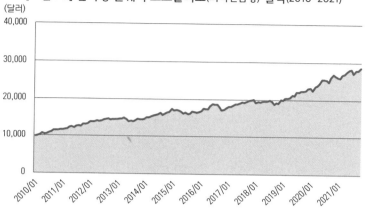

[표4-4] 한국형 올웨더 포트폴리오(퇴직연금형) 실적(2010~2021)

연환산 수익률(%)	최고의 해(%)	최악의 해(%)	최대낙폭(%)	샤프지수
9.25	20.46	-5.87	-9.42	1.07

9.25퍼센트로 월 50만 원(연간 600만 원)을 25년간 지속 납부한 다면 금액은 얼마나 될까? 무려 5억 9,000만 원이다.

[표4-5]는 연금저축 올웨더 포트폴리오와 퇴직연금 올웨 더 포트폴리오를 동일 기간으로 비교한 것이다. 굉장히 유사 한 결과를 확인할 수 있다. 세부적으로는 투자상품이 조금 더 다양해서 미국 국채와 선진국에 투자할 수 있었던 연금저축 의 성과가 좀 더 좋았다. 퇴직연금도 앞으로 제한이 완화되고 상품이 더욱 다양해진다면 연금저축과 동일한 성과를 얻을 수 있을 것으로 기대한다.

[표4-5] 한국형 올웨더 포트폴리오(연금저축 vs 퇴직연금) 실적 비교(2010~2021)

항목	연환산 수익률(%)	최고의 해 (%)	최악의 해 (%)	최대낙폭 (%)	샤프지수
연금저축 올웨더	9.74	20.30	-2.69	-8.11	1.34
퇴직연금 올웨더	9.25	20.46	-5.87	-9.42	1.07

12장

다른 자산군
둘러보기

이번 장에서는 한국형 올웨더 포트폴리오에서 일부 자산군을 성격이 다른 자산으로 교체해 실적을 비교해본다. 다른 자산군에 이머징 주식, 원자재ETF, 레버리지ETF, 가상화폐를 포함해보았다. 이머징 주식을 포함한 포트폴리오는 한국형 올웨더와 수익률이 비슷했고, 원자재ETF를 포함한 포트폴리오는 낙폭이 줄어드는 효과가 있었다. 레버리지ETF를 포함한 포트폴리오의 경우 수익률은 높아졌지만 최대낙폭 또한 커지는 결과를 보았다. 비트코인을 포함한 포트폴리오의 경우 최대낙폭은 소폭 증가, 수익은 크게 늘어난 결과가 나왔다.

신흥국 주식은 어떨까?

올웨더 포트폴리오는 주식:채권:실물 자산을 3:5:2의 비율로 구성한 전략이다. 한국형 올웨더 포트폴리오는 주식과 채권의 경우 미국을 중심으로 한 선진국 지수를 추종하는 ETF로 구성했고, 실물 자산은 부동산(리츠)과 금에 투자했다. 만약 여기에 성격이 다른 자산을 포함하면 실적은 어떻게 달라질까?

이번 장에서는 한국형 올웨더 포트폴리오(연금저축형)에서 일부를 성격이 다른 자산으로 교체했을 때의 실적에 대해 살펴볼 것이다. 대체로 많은 사람이 관심을 가지고 있는 자산을 선정했다. 그중에는 연금 계좌에서 운용이 불가능한 것도 있다. 그럼에도 살펴보는 것은 연금 계좌 외에 여유 자금이 있는 경우 추가 수익을 올리고자 할 때 고려할 만하기 때문이다.

신흥국의 성장성에 주목하자

한국형 올웨더 포트폴리오는 선진국 주식을 바탕으로 구성되었다. 아무래도 선진국이 세계 경제에서 차지하는 비중이 크기 때문이다. 하지만 신흥국(이머징 마켓)도 투자자 입장에서는 눈여겨볼 만한 부분이 있다. 예상했겠지만 바로 성장성이다. 세계 경제가 성장하는 과정 중에는 신흥국의 성장 폭이 훨씬 크다. 반대도 마찬가지다. 하락할 때는 더 심하게 하락하는 것이 신흥국 경제다.

[그림4-3]은 미국을 제외한 선진국과 신흥국의 주식시장 연

[그림4-3] 선진국과 신흥국의 주식 수익률 비교

간 수익률을 비교한 것이다. 2000년 IT 버블 이후의 회복 시점
(2003년), 2008년 금융위기 이후의 회복 시점(2009년), 2020년
팬데믹 이후의 회복 시점(2020년)에서도 신흥국의 주가 상승이
선진국보다 컸다.

이런 주가 상승 탄력을 이용하기 위해서 신흥국 주식을 한
국형 올웨더 포트폴리오에 추가하면 어떨까? [표4-6]은 한
국형 올웨더 포트폴리오(포트폴리오1)와 이머징 주식을 포함

[표4-6] 이머징 주식 포함 포트폴리오의 구성

자산군	구성	해당 ETF	포트폴리오1 비율(%)	포트폴리오2 비율(%)
주식	글로벌 주식	KODEX 선진국 MSCI WORLD	12.0	6.0
	이머징 주식	ARIRANG 신흥국 MSCI(합성H)	0.0	6.0
	미국 S&P500	TIGER 미국 S&P500 선물(H)	9.0	9.0
		TIGER 미국 S&P500		
	미국 나스닥	TIGER 미국 나스닥 100	9.0	9.0
채권	미국 중기 채권	TIGER 미국채 10년 선물	20.0	20.0
	미국 장기 채권	KODEX 미국채울트라30년선물(H)	30.0	30.0
실물	미국 리츠(부동산)	TIGER 미국 MSCI리츠(합성H)	12.5	12.5
	금	ACE KRX 금현물	7.5	7.5
		KODEX 골드선물(H)		
합계			100.0	100.0

[표4-7] 이머징 주식 포함 포트폴리오의 실적(2009~2022/05)

	연환산 수익률(%)	표준편차 (%)	최고의 해 (%)	최악의 해 (%)	최대낙폭 (%)	샤프지수
포트폴리오1	7.90	8.10	19.80	-14.68	-14.68	0.92
포트폴리오2	8.08	8.05	20.30	-14.69	-14.69	0.95

한 포트폴리오(포트폴리오2)의 구성을 비교한 것이다. 글로벌 주식(선진국) 12퍼센트를 이머징 주식과 각각 6퍼센트씩 나누어서 구성했다.

기존 한국형 올웨더 포트폴리오와 이머징 주식을 포함한 포트폴리오의 실적을 비교해 [표4-7]에 정리해보았다. 두 포트폴리오 실적은 비슷했다. 결과적으로 6퍼센트 정도의 신흥국 주식을 포함하는 것은 포트폴리오를 다양하게 구성한다는 측면에서 합리적인 선택이 될 수 있다.

[그림4-3]에서 보았듯이 세계 경제가 위기에서 벗어나는 구간에서는 신흥국의 높은 수익률을 기대할 수 있다. 그런 시기라고 판단되면 이머징 주식이 포함된 포트폴리오를 적극적으로 활용하자.

원자재를 포함하면 어떨까?

원자재도 실물 자산에 중요한 부분이 될 수 있다. 미국 시장에는 DBC(Invesco DB Commodity Index Tracking Fund)와 같은 대표적인 원자재ETF가 상장되어 있다. [표4-8]은 DBC의 구성 섹터별 비율을 나타낸 것이다. 에너지, 귀금속, 농산물, 금속까지 다양하게 포함되어 있다.

[표4-8] 미국 DBC 구성 섹터 비율

섹터	에너지	귀금속	농산물	금속	기타	합계
비율(%)	62	7	19	11	1	100

2022년 9월 현재 국내에는 미국의 DBC 같은 종합적인 원자재ETF는 없고 농산물, 금속, 원유 등 개별 ETF만 상장되어 있다. 따라서 여기서는 가장 비중이 높은 에너지(원유)만 포트폴리오에 추가해 검토를 진행했다.

원유ETF 포함으로 포트폴리오 낙폭 감소

[표4-9]에서 포트폴리오1은 한국형 올웨더 포트폴리오(연금저축형)이고, 포트폴리오2는 에너지(원유)ETF를 포함한 포트폴리오다. [표4-10]은 포트폴리오1과 포트폴리오2의 실적

[표4-9] 에너지(원유)를 포함한 포트폴리오의 구성

자산군	구성	해당 ETF	포트폴리오1 비율(%)	포트폴리오2 비율(%)
주식	글로벌 주식	KODEX 선진국 MSCI WORLD	12.0	12.0
	미국 S&P500	TIGER 미국 S&P500 선물(H)	9.0	9.0
		TIGER 미국 S&P500		
	미국 나스닥	TIGER 미국 나스닥 100	9.0	9.0
채권	미국 중기 채권	TIGER 미국채 10년 선물	20.0	20.0
	미국 장기 채권	KODEX 미국채울트라30년선물(H)	30.0	30.0
실물	미국 리츠(부동산)	TIGER 미국 MSCI리츠(합성H)	12.5	6.0
	원유	KODEX WTI원유선물(H)	0.0	6.0
	금	ACE KRX 금현물	7.5	8.0
		KODEX 골드선물(H)		
합계			100.0	100.0

[표4-10] 에너지(원유)를 포함한 포트폴리오의 실적(2009~2022/05)

	연환산 수익률(%)	표준편차 (%)	최고의 해 (%)	최악의 해 (%)	최대낙폭 (%)	샤프지수
포트폴리오1	7.90	8.10	19.80	−14.68	−14.68	0.92
포트폴리오2	8.12	7.49	20.64	−10.66	−11.48	1.02

을 나타낸 것이다. 2009년부터 2022년 5월까지 유사한 수익률에서 낙폭을 일부 줄여주는 효과를 얻을 수 있었다.

2008년 금융위기 이후 세계 경제는 인플레이션이 사라진 시기를 지나왔다. 2020년 팬데믹으로 인한 생산 및 물류망 혼란과 수요 증가는 인플레이션이 다시 살아난 계기가 되었다. 그중 에너지 가격 상승은 1970년대 오일쇼크를 연상하게 했다. 농산물 분야도 마찬가지로 팬데믹의 영향과 2022년 2월 러시아-우크라이나 전쟁 발발로 가격이 큰 폭으로 상승했다. 이런 변화들에 대응하기 위해서 원자재ETF를 포트폴리오에 포함시키는 것은 합리적인 선택이다.

레버리지ETF에 투자하면 어떨까?

레버리지ETF는 연금 계좌에서 투자할 수 없지만, 포트폴리오 구성 차원에서 일부 추가할 경우 어떤 효과를 가져오는지 살펴보자.

[표4-11]과 같이 미국 S&P500 ETF를 레버리지ETF로 변경해 포트폴리오를 구성했다. 포트폴리오1은 한국형 올웨더 포트폴리오(연금저축형)이고, 포트폴리오2는 레버리지ETF를 포함한 포트폴리오다. [표4-12]에 두 포트폴리오의 실적을 비교해놓았다. 예상과 같이 수익률은 높아지고 최대낙폭은 커졌다.

[표4-11] 미국 S&P500 레버리지를 포함한 포트폴리오의 구성

자산군	구성	해당 ETF	포트폴리오1 비율(%)	포트폴리오2 비율(%)
주식	글로벌 주식	KODEX 선진국 MSCI WORLD	12.0	12.0
	미국 S&P500 레버리지	TIGER 미국 S&P500 레버리지(합성 H)	0.0	9.0
	미국 S&P500	TIGER 미국 S&P500 선물(H)	9.0	0.0
		TIGER 미국 S&P500		
	미국 나스닥	TIGER 미국 나스닥 100	9.0	9.0
채권	미국 중기 채권	TIGER 미국채 10년 선물	20.0	20.0
	미국 장기 채권	KODEX 미국채울트라30년선물(H)	30.0	30.0
실물	미국 리츠(부동산)	TIGER 미국 MSCI리츠(합성H)	12.5	12.5
	금	ACE KRX 금현물	7.5	7.5
		KODEX 골드선물(H)		
합계			100.0	100.0

[표4-12] 미국 S&P500 레버리지를 포함한 포트폴리오의 실적(2009~2022/05)

	연환산 수익률(%)	표준편차 (%)	최고의 해 (%)	최악의 해 (%)	최대낙폭 (%)	샤프지수
포트폴리오1	7.90	8.10	19.80	−14.68	−14.68	0.92
포트폴리오2	9.12	8.90	23.20	−15.91	−15.91	0.97

직장인이지만
공무원연금 받기로 했습니다

동일한 기간에 S&P500 레버리지ETF 한 종목에 투자했다면 연환산 수익률은 20퍼센트를 넘고 최대낙폭은 -40퍼센트를 넘어선다. 기간을 2009년이 아닌 2007년부터로 확장하면 최대낙폭은 -80퍼센트를 넘어선다.

이렇듯 레버리지ETF와 같은 고위험자산군 한 종목에 투자하면 위험은 극도로 높아진다. 하지만 채권을 포함한 여러 자산군과 함께 일부 고위험 종목에 투자하면 위험도를 훨씬 낮출 수 있다. 그럼에도 불구하고 개인적으로는 레버리지·인버스 ETF는 추천하지 않는다.

가상화폐에 투자하면 어떨까?

2017년과 2020년 비트코인의 상승은 많은 투자자의 관심을 끌었다. 비트코인은 2017년 한 해에만 1,200퍼센트 이상 상승했고, 2020년에는 300퍼센트 이상 상승했다. 수많은 성공과 실패 사례가 인터넷에 떠돌았다. 주변 사람들 몇몇은 2017년 상승장에 투자했다가 2018년 하락장을 맞이하고는 다시는 가상화폐 근처에도 가지 않겠다고 선언했다.

[그림4-4]는 2013년부터 2022년까지 비트코인의 수익률을 나타내고 있다. 2013년과 2017년, 2020년의 상승을 볼 수 있으며, 이후의 하락도 확인할 수 있다. 일반 직장인 투자자

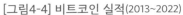

[그림4-4] 비트코인 실적(2013~2022)

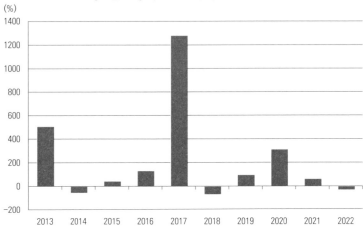

라면 이런 큰 변동성을 견뎌내기는 불가능에 가깝지 않을까 생각한다. 최대낙폭이 -73퍼센트를 넘기 때문이다.

[표4-13]에서 포트폴리오1은 한국형 올웨더 포트폴리오(연금저축형)이며, 포트폴리오2는 비트코인을 포함한 것이다. 실물 자산에서 금과 리츠의 비중을 일부 조절하여 비트코인을 포함시켰다. 실적은 [표4-14]와 같다. 위험자산 중에서도 낙폭이 큰 비트코인을 포함했음에도 전체 포트폴리오의 낙폭이 치명적으로 증가하지는 않았다. 최대낙폭은 소폭 증가한 데 비해 오히려 수익은 크게 늘었다.

비트코인이나 앞서 살펴봤던 레버리지ETF 등 고위험자산

[표4-13] 비트코인을 포함한 포트폴리오의 구성

자산군	구성	해당 ETF	포트폴리오1 비율(%)	포트폴리오2 비율(%)
주식	글로벌 주식	KODEX 선진국 MSCI WORLD	12.0	12.0
	미국 S&P 500	TIGER 미국 S&P500 선물(H)	9.0	9.0
	미국 나스닥	TIGER 미국 나스닥 100	9.0	9.0
채권	미국 중기 채권	TIGER 미국채 10년 선물	20.0	20.0
	미국 장기 채권	KODEX 미국채울트라30년선물(H)	30.0	30.0
실물	미국 리츠(부동산)	TIGER 미국 MSCI리츠(합성 H)	12.5	12.0
	비트코인	비트코인	0.0	4.0
	금	KODEX 골드선물(H)	7.5	4.0
합계			100.0	100.0

[표4-14] 비트코인을 포함한 포트폴리오의 실적(2014~2022/05)

	연환산 수익률(%)	표준편차 (%)	최고의 해 (%)	최악의 해 (%)	최대낙폭 (%)	샤프지수
포트폴리오1	7.04	7.85	20.30	-14.69	-14.69	0.82
포트폴리오2	13.67	11.13	63.04	-15.88	-15.88	1.15

군의 투자를 장려할 생각은 조금도 없다. 하지만 다양한 자산군으로 구성된 포트폴리오가 있다면 일부(5퍼센트 이내)를 위험자산에 투자하는 것은 충분히 고려할 만하다고 본다. 즉, 100을 투자한다면 그중 95는 연금 계좌에 투자하고 5 정도는 다른 계좌에서 일명 위험자산에 투자하는 것이다. 투자 추천이라기보다는 함께 고민해보면 좋을 하나의 주제라고 보면 좋을 것 같다.

13장

나에게 맞는
연금 플랜 세우기

13장은 지금까지 이야기한 내용을 바탕으로 구성한 포트폴리오를 제공한다. 1인 가구, 맞벌이 혹은 외벌이 가구, 주부, 자영업자, 공무원 등 자신의 형편에 맞는 포트폴리오를 선택해 그대로 따라 하도록 했다.

다들 노후 준비를 걱정한다. 하지만 개인별로 처해 있는 상황이 다르고 앞으로 계획하는 바도 다르기 때문에 일률적으로 연금 플랜을 짜기란 매우 어렵다. 그래서 이번 장에서는 몇 개의 투자 사례를 들어서 참고할 수 있도록 했다.

가장 중요한 것은 자신이 현재 어떤 상황에 있으며 앞으로 어떤 계획을 가지고 은퇴할 것인지를 한번 정리해보는 것이다. 사람 사는 게 모두 계획한 대로 되는 것은 아니지만, 그래도 계획을 세우고 실천하려 노력하면 성공 가능성에 한 발짝 더 다가설 수 있다는 것은 진리다.

[사례1] 싱글(1인 가구)의 연금 투자

첫 사례로 1인 가구의 연금 투자에 대해 살펴보자.

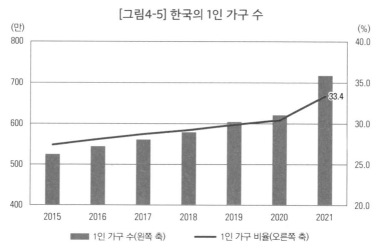

[그림4-5] 한국의 1인 가구 수

1인 가구 수(왼쪽 축) ▬ 1인 가구 비율(오른쪽 축)

*자료: 통계청

우리나라 1인 가구 비율은 2021년 현재 33.4퍼센트로, 총 716만 5,788가구에 이른다. 3가구 중 하나는 1인 가구인 것이다. [그림4-5]는 우리나라 1인 가구 수의 증가 추이를 보여준다. 2015년부터 2021년까지 무섭게 증가하는 것을 알 수 있다.

특히 2030세대의 1인 가구 비율이 늘어나고 있다. 이것은 결혼을 늦게 하거나 아니면 아예 결혼을 포기하는 젊은이가 늘어나고 있다는 것을 의미한다.

한 결혼정보회사에서 조사한 2030 미혼 남녀의 월평균 생활비는 106만 원이다. 2022년 최저시급 기준으로 월급은 191만 원이다. 단순 수치로만 보면 최저시급만 받아도 생활이 가능한 게 1인 가구다. 그래서인지 주위의 미혼 직장인을 보면 자기 계발이나 취미활동에 기혼자보다 돈을 많이 쓰는 경우가 많다. 오죽하면 가장 큰 부자는 결혼 안 한 직장인이라는 우스갯소리까지 있을까!

그러나 이렇듯 혼자 쓰느라 부족함을 느끼지 못하는 경우가 많기 때문에 1인 가구는 역설적으로 노후 준비에 더 소홀해질 수 있다. 노후에는 간병이 필요한 경우도 발생할 수 있는데, 1인 가구의 경우 가족 간병을 받을 수 없으므로 더욱 노후 준비를 철저히 해야 한다.

2020년 국민연금공단과 국민연금연구원에서 조사한 국민 노후보장패널 8차 조사에 따르면, 1인 기준 최소 노후 생활비는 116만 6,000원이고, 적정 노후 생활비는 164만 5,000원이다. 그렇다면 170만 원을 기준으로 1인 가구가 노후 준비를 어떻게 해야 할지 살펴보자.

[1인 가구]
- 소득 연령: 27~55세
- 필요 생활비: 월 170만 원
- 연간 목표수익률: 7%
- 7% 룰 적용 시 필요 원금: 2억 9,000만 원
- 4% 룰 적용 시 필요 원금: 5억 1,000만 원

1인 가구가 55세까지 원리금 2억 9,000만~5억 1,000만 원을 모을 수 있다면 월 생활비로 170만 원을 사용해도 원금에는 손실이 가지 않는다. 그렇다면 매달 얼마를 납입해야 할까?

[표4-15]에 27세부터 55세까지 연간 수익률 7퍼센트를 가정해 납입 금액별 원리금을 계산해놓았다.

2022년 연금저축 소득공제 한도액인 연간 400만 원(월 33만 원)을 27세부터 55세까지 납입하면 3억 5,000만 원(3억 4,790만 원) 정도의 원리금이 예상된다. 이것은 앞서 살펴본 4퍼센트 룰과 7퍼센트 룰의 중간 금액에 해당한다.

2023년부터 연금저축 공제 한도액이 연간 600만 원으로 늘어나므로 매달 50만 원을 납부하면 5억 2,240만 원을 모을 수 있다. 이는 4퍼센트 룰에 해당하는 5억 1,000만 원보다 많은 금액이다. 그러면 매달 170만 원을 찾아 써도 5억 2,240만 원을 영원히 유지할 수 있다.

[표4-15] 연금저축펀드 연 7% 운용 시 납입 금액별 원리금(1인 가구)

* 현재 나이 27세, 월 적립식 납부

나이	소요기간	연금 원리금(단위: 천만 원)										
		120만원/년	240만원/년	360만원/년	**400만원/년**	480만원/년	**600만원/년**	**700만원/년**	840만원/년	960만원/년	1080만원/년	1200만원/년
		10만원/월	20만원/월	30만원/월	**33.3만원/월**	40만원/월	**50만원/월**	**58만원/월**	70만원/월	80만원/월	90만원/월	100만원/월
		0.01	0.02	0.03	**0.033**	0.04	**0.05**	**0.058**	0.07	0.08	0.09	0.1
40	13	2.55	5.10	7.64	8.49	10.19	12.74	14.86	17.84	20.38	22.93	25.48
41	14	2.86	5.71	8.57	9.51	11.43	14.28	16.67	20.00	22.86	25.71	28.57
42	15	3.19	6.38	9.56	10.62	12.75	15.94	18.60	22.32	25.50	28.69	31.88
43	16	3.54	7.09	10.63	11.80	14.17	17.72	20.67	24.80	28.35	31.89	35.43
44	17	3.92	7.85	11.77	13.07	15.70	19.62	22.89	27.47	31.39	35.32	39.24
45	18	4.33	8.66	13.00	14.43	17.33	21.66	25.27	30.33	34.66	38.99	43.32
46	19	4.77	9.54	14.31	15.88	19.08	23.85	27.83	33.39	38.16	42.93	47.70
47	20	5.24	10.48	15.72	17.45	20.96	26.20	30.56	36.68	41.92	47.16	52.40
48	21	5.74	11.49	17.23	19.12	22.97	28.72	33.50	40.20	45.94	51.69	57.43
49	22	6.28	12.57	18.85	20.92	25.13	31.41	36.65	43.98	50.26	56.55	62.83
50	23	6.86	13.72	20.59	22.85	27.45	34.31	40.03	48.03	54.89	61.76	68.62
51	24	7.48	14.96	22.45	24.92	29.93	37.41	43.65	52.38	59.86	67.34	74.82
52	25	8.15	16.30	24.44	27.13	32.59	40.74	47.53	57.04	65.18	73.33	81.48
53	26	8.86	17.72	26.58	29.51	35.45	44.31	51.69	62.03	70.89	79.75	88.62
54	27	9.63	19.25	28.88	32.06	38.51	48.13	56.16	67.39	77.02	86.64	96.27
55	28	10.45	20.89	31.34	34.79	41.79	52.24	60.94	73.13	83.58	94.03	104.47

★★★

"월 33~50만 원 납입, 월 170만 원 수령"

1인 가구라면 27~55세 기간 동안 매달 33~55만 원을 연금저축펀드에 납입하라. 국민연금 100만 원 포함 매달 270만 원을 연금으로 수령할 수 있다.

[사례2] 주부의 연금 투자

　전업주부는 연금에서 소외되어 있다고 해도 과언이 아니다. 연금저축의 경우에도 전업주부는 소득이 없으므로 연말정산의 세액공제 혜택을 받을 수가 없다. 세액공제와 과세이연이 연금저축의 장점인데, 주부는 그중 한 가지 장점을 누리지 못하는 것이다.

　하지만 전업주부는 과세이연 효과를 얻을 수 있고, 긍정적으로 생각하자면 세액공제받지 않은 원금은 언제든지 세금 없이 찾아 쓸 수 있다. 또 한 가지 주부가 연금을 위해서 관심을 가져야 할 부분은 국민연금이다. 이 책의 주된 내용은 아니지만 주부라면 충분히 검토할 필요성이 있다고 판단되어 간단하게 소개하고자 한다.

　주부가 가입을 고려할 만한 연금제도를 [표4-16] 에 정리했

[표4-16] 주부가 가입을 고려할 만한 연금제도

유형	가입 제도	특징
개인연금	연금저축펀드	과세이연 효과
		원금은 자유롭게 세금 없이 인출 가능
국민연금	임의 가입	직장 납부 이력이 없는 주부
	추가 납부	직장 납부 이력이 있는 주부

다. 먼저 개인연금(연금저축펀드)부터 살펴보자. 앞서 살펴본 바와 같이 연금저축은 가입 대상에 제한이 없다(p.85 표2-3 참조). 주부뿐만 아니라 아기도 가입할 수 있다.

다음으로 중요한 것은 세금이다. 세금은 "혜택받은 곳에 세금 있다."라고 간단하게 기억하면 좋다. 주부의 경우 연금저축 계좌에 납입한 원금에 대해서는 연말정산의 세제 혜택이 없다. 다시 말해서 연말정산의 세제 혜택을 받지 않았으므로 만약 해지를 한다고 해도 원금에 대한 세금이 없다.

그렇다면 수익금은 어떨까? 원금을 투자해서 얻은 수익금은 과세이연이 되므로 ETF 매도 시에 비과세 혜택을 받는다. 즉, 혜택을 받으니 수익금에 대해서는 해지 시에 세금을 내야 한다. 원금은 혜택을 받은 것이 없으므로 언제든지 세금 없이 인출이 가능하다. 과세이연 효과는 연간 수익률 1퍼센트 정도로 예상해볼 수 있다.

[표4-17]은 1억 원 투자 시 연간 수익률 1퍼센트 차이가 시

[표4-17] 1억 원 투자 시 기간에 따른 금액 차이

투자 기간	10년	20년	30년
7% 수익률	2억 원	3억 9,000만 원	7억 6,000만 원
8% 수익률	2억 2,000만 원	4억 7,000만 원	10억 1,000만 원
금액 차이	**2,000만 원**	**8,000만 원**	**2억 5,000만 원**

간이 지날수록 어떤 결과를 만들어내는지 보여준다. 연간 1퍼센트의 수익률 차이가 10년 후에는 2,000만 원 차이로 나타난다. 하지만 30년 뒤에는 2억 5,000만 원이라는 어마어마한 금액 차이로 벌어진다. 이것이 복리의 힘이다.

주부가 연금저축에 가입하면 아무런 혜택이 없다고 생각하기 쉽지만, 과세이연과 연금 수령 시 낮은 세율은 큰 장점이다. 바야흐로 연금도 맞벌이 시대인 것이다. 연금저축의 장점을 확인하고 주부도 적극적으로 가입하자.

다음은 국민연금이다. 주부가 고려할 수 있는 국민연금 납부 제도는 두 가지다. 과거 한 번이라도 납부한 이력이 있는 경우 추가 납부 제도를 활용하면 된다. 뉴스에서 "강남 아줌마 국민연금 추납 재테크한다."라는 말을 들어본 적이 있을 것이다. 국민연금은 10년의 의무 납입 기간이 있다. 그런데 추가 납부의 경우 의무 납입 기간이 없어서, 연금을 받을 나이에 임박해서 일시불로 납부하고 곧장 연금을 받는 경우가 종종 발생했다.

이런 모순을 해결하기 위해서 2020년 말 추가 납부의 해당 기간을 10년 미만으로 제한했다. 즉, 예전에는 직장생활을 잠시 하면서 국민연금을 납부한 사람이 지난 20년간의 미납분을 한꺼번에 납부하고 연금을 받는 게 가능했는데, 그 기간을 20년이 아니라 10년으로 제한한 것이다. 과거 직장생활로 10년 미만 납부한 이력이 있다면 추가 납부 제도를 활용해서 10년을 채우는 것이 좋다.

전업주부가 국민연금에 가입할 때 생각해볼 다른 하나는 임의 가입 제도다. 임의 가입이란 사업장가입자나 지역가입자가 아닌 사람이 연금 혜택을 받을 수 있도록 18세 이상 60세 미만의 국민이 희망할 경우 국민연금에 가입할 수 있도록 한 제도다. 많은 사람이 최소 납입금 정도인 월 9만 원을 납부한다. 국민연금공단 홈페이지에서 '자주찾는 민원서비스'를 클릭하고 '내 연금 알아보기'로 들어가면 월 납입료에 따른 예상 연금을 손쉽게 계산할 수 있다.

[그림4-6] 국민연금 월 9만 원 납부 시 예상 지급액

예상연금 간단 계산

월 납입보험료 90,000 예상연금액 조회하기

고객님 월 납입보험료에 해당하는 소득기준은 **1,000,000** 원이며, 지금 적용되는 "A"값(전체 가입자 소득평균액)을 기준으로 산출된 예상연금액은 아래와 같습니다. 국민연금 콜센터(국번없이 1355)로 전화하시면 상세내역(11년 가입한 경우와 같은 5년 단위 이하의 지급예상액 등)을 상담받을 수 있습니다.

매월 지급예상액 노령연금	10년 가입	15년 가입	20년 가입	25년 가입	30년 가입	35년 가입	40년 가입
	188,910	280,960	373,000	465,040	557,090	649,130	741,170

매월 지급예상액 장애연금	장애 1급	장애 2급	장애 3급	장애 4급[일시금]
	395,780	316,620	237,470	10,686,200

매월 지급예상액 유족연금	10년 미만 가입	10년~20년 미만	20년 가입
	158,310	251,610	306,000

다운로드 노령연금 예상월액표 장애연금 예상월액표 유족연금 예상월액표

*자료: 국민연금공단 홈페이지

[표4-18] 국민연금 월 납입 금액 및 가입 기간별 예상 수령액(단위: 원)

	10년	15년	20년	25년	30년
9만 원	188,910	280,960	373,000	465,040	557,090
15만 원	223,290	332,090	440,880	549,670	658,470
20만 원	251,510	374,060	496,600	619,140	741,690
25만 원	280,250	416,790	553,340	689,880	826,420

이렇게 해서 월 9만 원 납부 시 받게 되는 연금 수령액을 확인해보았다(그림4-6 참조). 국민연금 월 9만 원으로 20년 가입 시 매달 37만 원을 수령할 수 있다. [표4-18]은 월 납입 금액 및 가입 기간별 예상 수령액을 나타낸 것이다. 홈페이지에서 금액별로 계산할 수 있으니 자신의 납입 금액을 직접 확인해보기를 추천한다.

[전업주부]
- 납입 기간: 20년
- 가입 제도·상품: 국민연금 월 9만 원, 연금저축 월 10만 원
- 연간 목표수익률: 연금저축 7%
- 예상 수령액: 68만 원[국민연금 37만 원(373,000원)+개인연금 31만 원(306,000원, 7% 룰 적용 시)]

"국민연금 월 9만 원, 연금저축 월 10만 원"
전업주부라면 20년 동안 국민연금 월 9만 원, 연금저축 월 10만 원을 납입하자. 국민연금 37만 원 포함 매달 68만 원을 연금으로 수령할 수 있다.

▶ 납입금과 납입 기간을 늘리면 수령액은 더 많아진다.
▶ 국민연금, 개인연금(연금저축펀드)을 적극 활용하자.

[사례3] 외벌이 부부의 연금 투자(은퇴 후 2인 가족)

연금 투자를 포함해서 노후 준비를 할 때는 은퇴 후 예상 생활비를 산정해보는 것이 좋다. 구체적인 계획 없이 그저 열심히 모아야겠다고 생각하기보다는 예상 생활비를 산정하고 목표 금액을 정해서 조금씩 준비하는 게 훨씬 도움이 된다.

2020년 국민연금공단 조사에 따르면 은퇴 후 2인 가구의 적정 월 생활비는 268만 원이다. 어떤 사람에겐 적은 생활비일 테고 어떤 사람에겐 충분한 생활비가 될 것이다. 자신의 은퇴 후 생활비를 예상해보자.

자녀가 있는 외벌이 부부는 연금 준비를 하기에 힘든 부분이 있다. 한 사람의 수입으로 생활비와 자녀양육비 등을 모두 부담해야 하기 때문이다. 아무래도 빠듯할 수밖에 없다.

하지만 노후 준비를 소홀히 해서는 안 된다. 그리고 누차 강조하지만, 연금 투자는 빨리 시작할수록 좋다. 이는 많은 돈을 투자하지 못하는 사회초년생이나 외벌이 부부에게는 더더욱 중요한 얘기다. 투자하는 금액이 적을수록 기간을 통해 복리의 효과를 누려야 하기 때문이다. 즉 투자 기간이 늘어나면 연금 수령액도 많아진다. 납입 금액을 차츰 늘려나간다면 더할 나위 없이 좋다.

그럼 월 생활비 268만 원을 기준으로 외벌이 부부가 연금 투자를 어떻게 하면 될지 살펴보자.

[외벌이 부부]
- 소득 연령: 33~55세(2021년 남자 초혼 나이 기준)
- 은퇴 후 생활비: 월 268만 원
- 연간 목표수익률: 7%
- 7% 룰 적용 시 필요 원금: 4억 6,000만 원[4억 6,000만 원 × 0.07(7%)/12개월 = 268만 원/월]

외벌이 부부의 목표는 55세까지 22년간 4억 6,000만 원을 모으는 것이다. 여기서 외벌이의 저축 어려움을 고려해, 두 가지 시나리오를 살펴보자. 연금저축으로만 월 268만 원을 준비하는 것과 국민연금 수령액만큼 차감해 준비하는 것이

다. 먼저 연금저축으로만 월 268만 원을 받으려면 어떻게 해야 하는지 살펴보자.

[시나리오1] 연금저축으로 월 268만 원 수령

- 연간 기대수익률: 7%
- 납입 기간: 22년
- 목표 금액: 4억 6,000만 원(7% 룰 적용 시)
- 필요 납입 금액: 월 73만 원

시나리오1은 필요액 월 268만 원을 연금저축으로만 준비하는 것이다. 22년 납부 동안 월 73만 원을 납부하면 4억 6,000만 원을 모으게 되고, 7퍼센트 수익률과 7퍼센트 사용을 가정하면 원금이 줄어들지 않고도 월 268만 원을 사용할 수 있다.

[시나리오2] 연금저축+국민연금으로 월 268만 원 수령

- 연간 기대수익률: 7%
- 납입 기간: 22년
- 목표 금액: 4억 6,000만 원(7% 룰 적용 시)
- 국민연금 수령액: 월 97만 원(20년 이상 가입자 평균 연금액)
- 연금저축 목표 금액: 3억 4,000만 원(171만 원/월, 268만 원 – 97만 원=171만 원)

- 필요 납입 금액: 월 54만 원

   시나리오2는 국민연금까지 고려해서 월 268만 원을 준비하는 것이다. 2022년 기준으로 20년 이상 국민연금 가입자의 평균 연금액은 97만 원이다. 납입 기간을 22년으로 가정했으므로 똑같이 적용했다. 268만 원에서 97만 원을 뺀 월 171만 원이 연금저축 수령액이다. 목표 금액은 3억 4,000만 원이 되고, 7퍼센트 수익률을 가정하면 월 필요 납입 금액은 54만 원이 된다.

───────────────── ★★☆ ─────────────────

"월 54~73만 원, 연금저축펀드 납입"
외벌이 부부라면 2가지 시나리오가 있다. 22년간 4억 6,000만 원을 모아 월 268만 원을 수령하는 것을 목표로 연금저축만 할 경우 월 73만 원, 국민연금과 연금저축을 동시에 할 경우 월 54만 원을 납입한다.

▶ 매달 54~73만 원을 연금저축펀드에 납입하자.

───────────────────────────────────────

[사례4] 자영업자의 연금 투자

   연금저축 계좌의 가입 요건에는 제한이 없기 때문에 자영업자도 당연히 가입할 수 있다. 거기에다 자영업자의 경우 직장인들이 연말정산을 하듯 종합소득세 신고를 한다. 이때 직장인과 마찬가지로 연금저축에 대해서 소득공제 혜택을 받을 수 있다. 개인형 퇴직연금인 IRP 또한 2017년 7월부터 가입 대상이 확대되어 자영업자뿐만 아니라 공무원도 계좌를 만들 수 있게 되었다.

직장인은 연봉의 일정 부분(9퍼센트)을 연금저축펀드에 가입해서 운용하면 되는데, 자영업자의 경우 아무래도 신경이 많이 쓰이는 부분은 수입이 일정하지 않다는 것이다. 즉, 개인 사업을 하다 보면 어느 달은 잘되었다가 다음 달은 좀 부진하기도 한다. 이는 미래에 대해 불안하게 만드는 요소로도 작용한다.

소득이 일정하지 않은 부분이 있지만 자영업자도 연금저축과 개인형 퇴직연금으로 노후 준비를 반드시 해야 한다. 연금저축은 매달 정해진 금액을 납부하는 형태가 아니다. 매달 납부하지 않아도 된다. 연금저축은 자유 납부다.

이것은 어떻게 보면 장점이고 어떻게 보면 단점이다. 저축과 연금 납부에서 가장 필요한 부분은 강제성이다. 자율에 맡겨놓으면 소홀해지거나 안 하게 되는 경우가 너무도 많기 때문이다. 사람들이 왜 국민연금을 꼬박꼬박 납부할까? 바로 강제성 때문이다. 자율에 맡겨놓았다면 대부분의 사람들이 이미 다 찾아 썼을 것이다. 그런 의미에서 자영업자의 경우 스스로가 강제성을 두고 연금저축에 가입하는 것이 좋다.

또한 소득의 불규칙성을 생각한다면 소득이 많이 생길 때 연간 1,800만 원 한도를 적극 활용해서 납입하는 것도 생각해볼 만하다. 소득공제는 당해 연도에 하지 않고 해를 넘겨 신청해도 되기 때문에, 사업이 잘될 때 한도를 초과해 넣은 금액에 대해서는 사업이 잘 안돼서 납입하지 못할 때 공제받을 수 있다.

예를 들어 연금저축은 연간 600만 원까지 세액공제를 해주는데(2023년 기준) 납입은 1,800만 원까지 가능하다. 차액인 1,200만 원에 대해서는 다음 해나 그다음 해 등 언제든지 세액공제를 신청할 수 있다. 즉, 사업이 잘될 때 연간 1,800만 원까지 넣어놨다가 다음 해 사업이 잘 안되면 돈을 넣지 않고 소득공제만 받을 수 있다. 연금저축과 개인형 퇴직연금(IRP), 그리고 한도까지 생각해서 가입하고 운용하자.

[자영업자]
- 소득 연령: 30~55세
- 연간 목표수익률: 7%
- 납입 금액:
  - 월 33만 원·연 400만 원(2022년까지 연금저축 세액공제 한도액)
  - 월 50만 원·연 600만 원(2023년부터 연금저축 세액공제 한도액)
  - 월 75만 원·연 900만 원(2023년부터 연금저축+IRP 세액공제 한도액)

월 33만 원(연 400만 원) 납입

- 납입 기간: 25년
- 누적 금액: 2억 7,000만 원
- 월 수령액: 157만 원(7% 룰 적용 시)

월 50만 원(연 600만 원) 납입

- 납입 기간: 25년
- 누적 금액: 4억 700만 원
- 월 수령액: 237만 원(7% 룰 적용 시)

월 75만 원(연 900만 원) 납입

- 납입 기간: 25년
- 누적 금액: 6억 1,000만 원
- 월 수령액: 356만 원(7% 룰 적용 시)

"월 33~75만 원 연금저축과 IRP 활용"

자영업자는 25년간 2억 7,000만~6억 1,000만 원을 모아 월 최대 356만 원을 수령하는 것을 목표로 한다. 연금저축펀드와 IRP 계좌를 활용해서 사업이 잘될 때 연 1,800만 원까지 넣어두자. 연간 600만 원까지 세액공제를 활용하자.

▶ 가능하면 정기적인 금액으로 납입하고, 부득이한 경우 사업이 잘될 때 조금 더 납입하자.

[사례5] 맞벌이 부부의 연금 투자

2021년 기준 18세 미만 자녀를 둔 431만 가구 중 맞벌이 가구는 230만으로, 절반을 넘어선다. 2020년 코로나 팬데믹 이후 맞벌이 가구가 늘어났다는 뉴스가 보도되기도 했다. 또한 2013년 이후 크게 상승한 부동산 가격 때문에 맞벌이를 하지 않으면 집을 살 수 없다고 생각하는 사람들도 크게 늘었다. 주위에 미혼 후배들과 얘기해보면 맞벌이는 당연한 것으로 생각하는 경우가 많다. 맞벌이가 시대적 흐름이 되어가고 있는 듯하다.

직장을 맞벌이하면 연금도 맞벌이를 해야 한다. 맞벌이 가정의 경우 자녀들을 맡기는 비용을 포함해서 외벌이 가정보다 오히려 지출이 많을 수 있다. 하지만 수입이 그만큼 많기 때문에 연금을 준비할 여력이 외벌이에 비해서 크다.

부부 중 1명이 연금을 준비하는 것은 필수이며, 맞벌이를 한다면 부부 2명 모두 연금 투자를 해야 한다. 그러면 든든한 노후를 보낼 수 있을 뿐만 아니라 용돈 주는 할아버지, 할머니로 살 수 있다. 맞벌이를 하든 하지 않든, 연금은 맞벌이로 준비할 것을 권장한다.

[맞벌이 부부]
- 소득 연령: 남편 33~55세, 아내 31~55세(2021년 초혼 나이 기준)
- 연간 목표수익률: 7%
- 납입 금액:
  - 월 33만 원·연 400만 원(2022년까지 연금저축 세액공제 한도액)
  - 월 50만 원·연 600만 원(2023년부터 연금저축 세액공제 한도액)

* 각자 월 33만 원(연 400만 원) 납입

	남편	아내
납입 기간	22년	24년
누적 금액	2억 1,000만 원	2억 5,000만 원
월 수령액 (7% 룰 적용 시)	122만 원	145만 원

⇒ 부부 수령액 합계: 월 267만 원(2인 가족 월 필요 생활비 268만 원과 근접)

⇒ 국민연금 예상 수령액 각자 97만 원 고려 시 매달 총 461만 원 수령이
예상된다.

* 각자 월 50만 원(연 600만 원) 납입

	남편	아내
납입 기간	22년	24년
누적 금액	3억 1,000만 원	3억 7,000만 원
월 수령액 (7% 룰 적용 시)	181만 원	216만 원

⇒ 부부 수령액 합계: 월 397만 원(2인 가족 월 필요 생활비 268만 원과 근접)

⇒ 국민연금 예상 수령액 각자 97만 원 고려 시 매달 총 591만 원 수령이
예상된다.

"부부 각자 월 33~50만 원 납입, 매달 총수령액은 267~397만
원"
맞벌이 부부가 각각 월 33~50만 원을 22년, 24년 납입하면 국민
연금 각자 97만 원 포함 461~591만 원을 매월 수령할 수 있다.

[사례6] 최강의 연금 가입자: 공무원 맞벌이 부부

공무원 맞벌이 부부라면 연금 관련해서는 이미 미래가 확
정돼 있기 때문에 이 사례는 나의 상상 밖이었다. 적어도 어
느 공무원 맞벌이 부부가 내 블로그에 글을 남기기 전까지는
그랬다.

이 부부는 두 사람 모두 연금저축에 가입했다. 얼마나 놀라
운가? 만약 이 부부가 공무원연금으로 각자 240만 원가량을
받고 개인연금도 유사한 금액으로 수령하면 매달 960만 원의
연금을 받게 된다. 대략적인 예상 금액이긴 하지만, 그렇다고
현실성 없는 금액은 아니다. 월 960만 원을 받는 연금 생활자
를 상상해보자. 상상이 가는가?

나는 이 책을 연금에 상대적으로 취약한 직장인을 위해 썼
다. 직장생활을 적지 않게 한 선배로서 후배들에게 반드시 해
주고 싶은 이야기였다. 내 이야기는 선뜻 도전하기에는 너무

도 길고 지루하며, 나중에 무슨 도움이 될지 전혀 알기 어려운 투자라고 생각할 수 있다. 그러나 시간이 지난 후에 선배가 되면 비로소 그것이 얼마나 중요한 일인지 알게 될 것이다.

이는 이 책의 중심 독자가 되기를 원하는 일반 직장인뿐만 아니라 공무원에게도 해당하는 내용이다. 물론 공무원연금만으로도 충분하다고 생각할 수 있다. 하지만 최근 젊은 공무원들은 연금 개혁이라는 이름으로 줄어만 가는 공무원연금에 대해서 걱정하고 있는 것도 사실이다. 그러니 공무원들도 연금저축에 관심을 기울여야 한다. 사적연금에 가입하면 이런 걱정을 훨씬 줄일 수 있다. 공무원들도 적극적으로 사적연금에 가입할 것을 권장한다.

조금 더 놀라운 사실을 얘기하자면, 내 블로그에 질문을 남긴 공무원 부부는 아이도 연금저축에 가입해서 운용을 시작했다. 연금저축은 가입 제한이 없으므로 당연히 아이도 계좌를 만들 수 있다. 대신 소득공제 혜택이 없다. 하지만 아이가 자라서 취직을 하게 되면 과거 납부한 금액에 대해 소득공제를 받을 수 있다. 소득공제에 대한 기한이 없기 때문이다. 즉, 법이 바뀌지 않는다면 아이가 연금 계좌에 납부한 금액은 10년 후쯤 취직해서 연말정산으로 받을 수 있다.

나는 이 부부에게 점수를 준다면 만점을 주고 싶다. 공무원 부부라면 연금 준비 만점에 도전해보자. 아울러 직장인들은

직장인이지만
공무원연금 받기로 했습니다

더욱 분발해 공무원 부럽지 않은 노후를 누려보자.

[공무원 맞벌이 부부]
- 소득 연령: 남편 33~55세, 아내 31~55세(2021년 초혼 나이 기준)
- 연간 목표수익률: 7%
- 납입액:
  - 월 33만 원·연 400만 원(2022년까지 연금저축 세액공제 한도액)
  - 월 50만 원·연 600만 원(2023년부터 연금저축 세액공제 한도액)

---

* 각자 월 33만 원(연 400만 원) 납입

	남편	아내
납입 기간	22년	24년
누적 금액	2억 1,000만 원	2억 5,000만 원
개인연금 수령액 (7% 룰 적용 시)	122만 원	145만 원
공무원연금 수령액 (2019년 평균액 기준)	240만 원	240만 원
월 수령액 합계	362만 원	385만 원

⇒ 부부 수령액 합계: 월 747만 원

* 각자 월 50만 원(연 600만 원) 납입

	남편	아내
납입 기간	22년	24년
누적 금액	3억 1,000만 원	3억 7,000만 원
개인연금 수령액 (7% 룰 적용 시)	181만 원	216만 원
공무원연금 수령액 (2019년 평균액 기준)	240만 원	240만 원
월 수령액 합계	421만 원	456만 원

⇒ 부부 수령액 합계: 월 877만 원

☆☆☆

"부부 각자 33~50만 원 연금저축펀드 납입, 공무원연금 포함 월 747~877만 원 수령"

맞벌이 공무원 부부가 각각 월 33만 원을 22년, 24년간 연금저축펀드에 납입하면, 각각 공무원연금 240만 원 포함 362~385만 원을 수령해 부부 합산 747만 원을 수령한다. 이 부부가 각각 50만 원을 22년, 24년간 납부하면, 각각 공무원연금 240만 원 포함 421~456만 원을 수령하고 부부 합산 877만 원이 된다.

---

*각 사례에 나오는 필요 원금의 계산식은 〈부록〉 참조

부록

연금 관련 참고 사이트
- 큐알 코드 삽입 -

1. 금융감독원 통합연금포털

https://100lifeplan.fss.or.kr/main/main.do

금융감독원 통합연금포털에 접속하면 연금 상품들을 비교해보고 연금 계좌 개설이 가능한 여러 플랫폼을 확인할 수 있다. 세금 관련 정보 포함 연금저축에 대해 가장 잘 정리된 곳이라고 봐도 무방하다.

2. 고용노동부 퇴직연금 관련 정책 자료

http://www.moel.go.kr/policy/policydata/list.do

고용노동부 사이트에 접속해 정책자료실에 들어가 보면 퇴직급여제도 매뉴얼이 있다. 최근 개정된 퇴직급여 제도를 법조문과 함께 이해할 수 있다.

3. 미래에셋증권 공식 블로그

https://blog.naver.com/how2invest

미래에셋증권 공식 블로그에 접속해 첫 화면에서 [ETF] 연금저축과 퇴직연금을 클릭해 연금 투자가 가능한 ETF 목록을 다운로드할 수 있다. IRP 계좌 개설에도 도움을 받을 수 있다. 블로그 첫 화면이 바뀌는 경우 "ETF 연금저축"을 검색해서 자료를 찾으면 된다.

4. 미래에셋투자와연금센터

https://investpension.miraeasset.com

미래에셋증권에서 운영하는 연금 센터다. 투자와 연금에 관해 다양한 정보와 이야깃거리를 제공한다. 펀드, ETF, 리츠 등 연금 투자 수익률을 올릴 수 있는 다양한 상품들을 고르는 데 도움이 되도록 했다. 투자와 연금에 관련된 팟캐스트 채널, 유튜브, 잡지, 보고서, 책자 등을 모아놓아 다양한 정보를 한눈에 찾아볼 수 있다.

5. 리밸런싱 엑셀 파일 다운로드

https://blog.naver.com/ybilee/222193737285

저자의 개인 블로그다. 링크 하단에 가면 '리밸런싱_2'라는 엑셀 파일을 다운로드할 수 있다. 저자는 1년에 한 번 연초에 ETF 포트폴리오를 리밸런싱한다. 리밸런싱의 필요성에 대해서는 4장을 참고하자. 추가할 납입금과 현재 주가, 매수 수량을 입력하면 자동으로 종목별 총액 및 차액이 산출되는 편리한 계산식이다.

6. 연금 납입 금액·연도별 총액 계산 엑셀 파일 다운로드

https://blog.naver.com/ybilee/222000129239

역시 저자의 개인 블로그다. 링크 하단에 '하부작 계산기'라는 엑셀 파일을 다운로드할 수 있다. 거치식과 적립식으로 나눠 매월 얼마를 납입해야 목표하는 목돈을 모을 수 있는지 알려주는 편리한 계산식이다.

7. 은퇴자금 계산기(낙원 계산기)

https://keep-ones.me/#/paradise-calculator

1부에서 설명한 파라다이스 금액을 산출하는 낙원계산기다. 본인의 형편에 맞는 은퇴자금과 필요한 저축액 등을 편리하게 계산할 수 있어서 노후 준비에 매우 유익할 것이다.

직장인이지만 공무원연금 받기로 했습니다

초판 1쇄 | 2022년 11월 11일

지은이　| 이영빈

펴낸곳　| 에프엔미디어
펴낸이　| 김기호
편집　　| 오경희, 양은희
기획관리 | 문성조
마케팅　| 박강희
디자인　| 채홍디자인

신고　　| 2016년 1월 26일 제2018-000082호
주소　　| 서울시 용산구 한강대로 295, 503호
전화　　| 02-322-9792
팩스　　| 0303-3445-3030
이메일　| fnmedia@fnmedia.co.kr
홈페이지 | http://www.fnmedia.co.kr
ISBN　　| 979-11-88754-69-4 (03320)
값　　　| 16,500원